壮游大运河

程颢 著

生活·讀書·新知 三联书店

Copyright © 2023 by SDX Joint Publishing Company.
All Rights Reserved.

本作品版权由生活·读书·新知三联书店所有。
未经许可，不得翻印。

图书在版编目（CIP）数据

壮游大运河 / 程颢著. —北京：生活·读书·新知三联书店, 2023.7
ISBN 978-7-108-05743-3

Ⅰ.①壮⋯ Ⅱ.①程⋯ Ⅲ.①大运河－文化－中国－小学－乡土教材 Ⅳ.① G624.451

中国国家版本馆 CIP 数据核字 (2023) 第 036772 号

封面题字	孙晓云
插画创作	刘立璞　毛涵胥　李雨桐
责任编辑	唐明星　柯琳芳
装帧设计	康　健
责任校对	张　睿
责任印制	卢　岳
出版发行	生活·讀書·新知 三联书店
	（北京市东城区美术馆东街 22 号 100010）
网　址	www.sdxjpc.com
经　销	新华书店
印　刷	北京隆昌伟业印刷有限公司
版　次	2023 年 7 月北京第 1 版
	2023 年 7 月北京第 1 次印刷
开　本	710 毫米 × 965 毫米 1/16 印张 22
字　数	252 千字　图 81 幅
印　数	00,001 – 10,000 册
定　价	79.00 元

（印装查询：01064002715；邮购查询：01084010542）

目 录

引子　壮壮与时空穿梭眼镜　　　　　　　　　　　　1

吴越篇　神秘旅程遇奇迹　壮壮穿越游运河　　　　3
　　第一章　宁波｜大运河上最大的藏书阁在哪儿？　5
　　第二章　杭州｜是谁让西湖变得如此美丽？　　　14
　　第三章　嘉兴｜船为什么要爬上大坝？　　　　　21
　　第四章　嘉兴｜南湖红船承载着什么样的精神？　26
　　第五章　苏州｜运河上的乡愁是一种什么样的
　　　　　　　　　滋味？　　　　　　　　　　　　33
　　第六章　无锡｜运河上的红色资本家是谁？　　　39
　　第七章　常州｜运河上为什么建船闸？　　　　　50

淮扬篇　水利科技人文史　漕运制度运河情　　　　57
　　第一章　镇江｜运河上的送别是什么滋味？　　　59
　　第二章　扬州｜连通大运河与长江的门户在哪里？63
　　第三章　扬州｜运河上的春江花月夜是什么样的？67

第四章　扬州｜运河之畔的背影包含着怎样的
　　　　　　情感？　　　　　　　　　　　　72
　　第五章　扬州｜夫差为什么要挖运河？　　　79
　　第六章　扬州｜九牛二虎一只鸡有什么奥秘？ 85
　　第七章　淮安｜大运河怎么穿过黄河、淮河？ 92
　　第八章　淮安｜漕运总督都做些什么呢？　　99
　　第九章　泗阳｜泗水之滨可以寻到哪些芳华？ 112

中原秦晋篇　千里运河寓功过　百年甲骨话兴亡　119
　　第一章　开封｜为何说上河原来是运河？　　121
　　第二章　洛阳｜1400年前的谷粒竟然能发芽生长？127
　　第三章　洛阳｜运河柳树为何姓杨？　　　　135
　　第四章　安阳｜运河边的神秘文字到底是什么？143

齐鲁篇　异域王陵比邻谊　铁血运河爱国情　　149
　　第一章　枣庄｜是谁在运河上顽强地抗击侵华
　　　　　　日军？　　　　　　　　　　　　151
　　第二章　台儿庄｜台儿庄战役是如何取胜的？158
　　第三章　济宁｜运河怎么翻过山？　　　　　167
　　第四章　泰安｜如何与孔子进行跨越古今的山河
　　　　　　对话？　　　　　　　　　　　　174
　　第五章　德州｜外国国王为何会葬在运河边？186

京津冀篇　太空传下神州照　运河漂来紫禁城　　199

第一章　沧州｜谢家坝蕴含着什么样的家国情怀？　201

第二章　北京｜没有水如何挖运河？　212

第三章　北京｜为什么说紫禁城是运河上漂来的？　218

第四章　北京｜天安门上如何守护国旗飘扬？　225

第五章　北京｜从太空看运河是什么样子？　240

引 子
壮壮与时空穿梭眼镜

壮壮是一个爱好旅游、喜欢探索的小朋友,他曾经到全球各地研学,探索过埃及金字塔、印度古神庙、玛雅文明遗址等文明古迹。

一次在经过百慕大三角海域的时候,壮壮坐的船遇到了大风暴,被狂风巨浪摧毁。壮壮掉入了大海。

危急关头,一艘潜艇救起了壮壮。潜艇上有一位智慧老人,他救起壮壮以后,还给了壮壮一副神奇的时空穿梭眼镜。这副眼镜上有个按钮,按下按钮,输入口令后就可以穿越到自己想去的时空。

从此,壮壮在时空穿梭眼镜的帮助下,探索了古今中外的许多名胜古迹,学到了很多知识,揭开了许多尘封在历史中的秘密。

你看,现在壮壮又要开始中国大运河的穿越之旅了。

在接下来的大运河穿越之旅中,我们将和壮壮一起穿越时空:经历中国的各个朝代,去探索中国大运河的奥秘,发现京津、燕赵、齐鲁、中原、淮扬、吴越六大文明高地的核心文化;在不同文化之间开展海河对话(大海与运河)、江河对话(长江与运河)、山河对话（泰山与运河）、河河对话（黄河与运河）、天河对话（航天与运河）、民族脊梁与血脉的对话（长城与运河）六场对话；从运河文化中发掘爱国、自然、大同、仁爱、孝悌、中庸、和合、包容、发展创新、知行合一十大文化理念；通过运河故事去探寻30个问题的答案；结合研学大运河云平台，探索300多个云游运河视频以及数十条线上研学线路，让每个读者在读完本书后都能在脑海里构建出属于自己的运河印象。

  现在，让我们和壮壮一起，穿越时空去探索中国大运河的奥秘，打开深藏在大运河里的中国故事。

【吴越篇】

神秘旅程遇奇迹
壮壮穿越游运河

第一章 宁波

大运河上最大的藏书阁在哪儿？

壮壮参加壮游人生组织的"壮游大运河"研学活动后，要从浙东大运河的入海口宁波开始直到北京，按照从南到北的顺序，研学整条大运河。

这一天，壮壮来到宁波研学，看到了全世界货物吞吐量最大的港口——舟山港，看到了大运河上著名的藏书楼——天一阁，看到了大运河遗产点及海上丝绸之路的起点宁波三江口，游览了浙东运河宁波段，看到了运河纤道、水则碑，欣赏了甬剧、宁波走书等特色节目，真是好玩极了！

为什么韩国人来宁波拜一块碑？

可是，有一个问题萦绕在壮壮心头。原来在宁波市南面的宁海县研学的时候，壮壮看到一群从韩国来的旅客在参拜一块石碑。为什么韩国人会来宁波拜一块石碑呢？

壮壮心想，不如穿越到古代去一探究竟吧！于是他按下了时空穿梭眼镜的按钮，用语音输入穿越的口令："壮游大运河，神奇大揭秘。穿越！"

海上漂来个韩国人

一阵白光闪过，壮壮从轻微的眩晕中醒来，发展自己已经穿越到了500多年前朝鲜的一艘帆船上。

原来此时是1488年，朝鲜弘文馆（相当于国家藏书馆）的副校理崔溥在济州岛出差期间，听到父亲去世的消息，于是赶忙坐船回家奔丧。

壮壮觉得崔溥是一个有孝心的人，很同情他。可是看看天空中翻滚的乌云，壮壮觉得现在坐船出海实在太危险。于是他劝崔溥说："崔先生，我能理解您的心情，可是马上要下大雨了，现在出海很危险啊！"

崔溥眼含热泪说："父亲辛辛苦苦把我养大，可我却常年在外，没有好好孝敬他。他生病时我没能照顾他，连他去世的时候都没能陪在他身边。我一定要赶快回去！"

于是在崔溥的坚持下，他和随行的43人，冒着危险出海了。

结果，他们出发不久就遇到了暴风雨。帆船在狂风暴雨中偏离了原来的航道，迷失了方向。

暴风雨后，船的桅杆和风帆已经损坏，只能在大海上随着波浪漂流。没过几天，船上的食物和淡水都用尽了。崔溥他们依靠喝雨水，甚至喝尿，熬过了艰难的14天，最后漂到了浙江台州府临海县（现宁波）附近的海面，遇到了几艘中国的商船。

此时崔溥等人都快饿死、渴死了，幸亏得到了中国人的帮助才慢慢恢复了过来，并随商船到达宁波宁海地区，见到了当地的官员。

吴越篇　神秘旅程遇奇迹　壮壮穿越游运河

崔溥获救

　　了解到崔溥等人的不幸遭遇后,当时中国明朝的官员友好地接待了他们,并派人护送他们沿着京杭大运河一路到达北京,再从北京走陆路到鸭绿江,最终得以返回朝鲜。

　　崔溥在中国度过的时间前后有4个多月,行程达4000多千米,见识了当时中国明朝的盛世。

　　崔溥回国后用汉文写了一本《漂海录》,以日记的方式描述了他一路上的所见所闻,其中涉及了明朝弘治初年的政治、军事、经济、文化、交通以及风土人情等方面。

　　这本《漂海录》后来成为人们研究中韩、中朝关系及中国明朝海防情况、政治制度、司法制度、运河漕运、城市发展等方面的重要历史文献。

2002年，韩国人出资在浙江省宁海县越溪乡建造了"崔溥漂流事迹"纪念碑，此后，崔溥的后人经常来此祭拜。

为什么是宁波？

那么崔溥为什么会漂流到宁波呢？壮壮心想。

其实，崔溥他们在海上漂流14天后到达宁波获救是偶然的，但他们的船漂到宁波方向是有其必然性的。原来崔溥坐船出海是在1488年初，这个时候我国东部沿海的洋流"沿岸流"受冬季季风等因素影响，其流向以自北向南为主。崔溥他们的船在暴风雨中被吹到这股洋流上，再随洋流南下到宁波方向就是必然的了。

同时，他们在宁波附近的海面被发现，也是"偶然中的必然"。因为在当时，宁波作为大运河的出海口，同时还是海上丝绸之路的起点之一，是一个繁荣的港口城市。当时宁波附近的海面上，来来往往的商船比较多，崔溥他们的船在这里被商船发现也就不奇怪了。

时至今日，宁波已经成为中国东南沿海重要的港口城市之一。宁波舟山港是集内河港、河口港和海港于一体的综合性的现代化深水大港。自2019年到2021年，舟山港的年货物吞吐量连续三年超过11亿吨，位居全球第一。

天一阁里秘密多

身处宁波，壮壮在感受到港口城市的繁华的同时，还从宁波博物馆、王守仁故居、前童古镇、天一阁等地感受到了浓浓的文化气息。

此时，壮壮坐在天一阁的百鹅亭中，拿出刚在三联韬奋书店购买的余秋雨先生的《文化苦旅》，细细地品味其中的《风雨天一阁》。

吴越篇　神秘旅程遇奇迹　壮壮穿越游运河

天一阁历经沧桑,在这里究竟发生过哪些故事呢?壮壮看着文章,不由得想道。

是谁建造了天一阁?

壮壮又念起了穿越的口令:"壮游大运河,神奇大揭秘。穿越!"

穿越时空,壮壮来到了400多年前的宁波。此时恰逢元宵节,天一阁的创始人范钦邀请了几个好友来家里聚会。

"碧宇净无垠,酣歌起四邻。人称上元夕,天作太平春。"范钦高声诵出了自己写的一首元宵诗。好友们齐声叫好,也纷纷拿出自己的作品互相鉴赏、品评。

这时,一个朋友举杯向范钦敬了一杯酒,叹口气说道:"范侍郎,您当初要是不选择回乡,而是出任兵部右侍郎(相当于现在的国防部副部长),恐怕现在都能做到兵部尚书(相当于现在的国防部长)了吧!"

范钦哈哈一笑说:"不说这个,不说这个,范某生性散淡,又看不得奸臣为恶,与其做官劳心费力,倒不如回来读读书、写写诗、搜集些古籍残本,做个山野闲人来得自在啊!"

另一个朋友举杯赞同说:"正是如此。你看,范兄这些年搜集天下古籍七万多卷,藏在天一阁中,让这些古籍不至于损坏流失,这可是功在千秋的伟业啊!这不比当官好多了?"

大家听了,纷纷击掌赞同。

"就是范兄定下的规矩太苛刻了!"一个朋友埋怨道,"首先一个,不允许外姓人登楼看书。连我们看书都不行!"

范钦苦笑一声说:"抱歉啊,各位,这规矩是严了些,不过要没这个规矩,我怕过不了几年,这天一阁的藏书便会十不存一了啊!"

"明白！"刚才抱怨的那个人点点头，说，"我也就是发发牢骚，没有为难范兄的意思。这条规矩确实很重要。如果人们可以随便上楼看书，说不准就会有偷盗、私藏，甚至火灾发生。你是天一阁的创始人，肯定得以身作则。"

"谢谢各位兄台理解！"范钦向朋友们拱手致谢，"大家想要看哪本书可以告诉我，等我抄录了副本一定拿给大家看！"

"那就说定了！"众人大喜，于是纷纷举杯。

范钦在明嘉靖四十年（1561）至四十五年（1566）建造了天一阁，收集藏书七万多卷，放在天一阁的二楼以防潮、防火。之所以叫"天一阁"，是取《易经》中"天一生水"的意思，来辟火、防火。

他还制定了严格的规定：藏书不许外借、不许变卖，还不许外姓之人登阁读书。

在他临终时，他叫来大儿子和二儿媳（当时二儿子已去世），把遗产分成了两份，让两人挑选，其中一份是万两白银，一份是天一阁的藏书。

范钦的意思就是说，想要钱就拿白银，想要藏书就要能抵御白银等财富的诱惑，安贫乐道，去守护天一阁的藏书。

大儿子范大冲没有让范钦失望，他听完之后，立即就开口说愿意继承天一阁的藏书，并表示要用自己一些田产的田租来作为藏书楼的养护费用。

从此，范家就留下了这样的传统：要么继承钱财，要么放弃钱财守护天一阁。而为了守护天一阁的藏书，范家所定的规矩也越来越严格。

为了看书嫁到范家的女孩

这天一阁的规矩究竟有多严格呢?壮壮心想,那么多书不让别人看多可惜啊!要是有人实在想看天一阁里面的书该怎么办呢?

时光流逝,壮壮带着这个疑问穿越到了清朝嘉庆年间。

这时候,宁波知府丘铁卿有个侄女名叫钱绣芸。钱绣芸十分喜欢读书,她听说天一阁里有很多书,但只有范家的人能读。

于是她想了一个办法,要知府做媒把她嫁给了范家。她想:我成了范家的媳妇,就是范家的人了,就可以上天一阁读书啦!

可是当她成了范家媳妇之后,才知道天一阁是不准女人登楼的。

钱绣芸一下子就灰心丧气,再也开心不起来了。就这样,她始终没能登上天一阁,去看一看那些她梦寐以求的书。

第一个登上天一阁去看书的外姓人是谁?

那么是不是真的没有外姓人能登上天一阁去看书呢?壮壮好奇地想。于是他又穿越到了清朝康熙年间。

这次,大学者黄宗羲来到宁波,想要登上天一阁看书。

黄宗羲的父亲是明朝的东林党人,被奸臣魏忠贤集团杀害。魏忠贤倒台后,黄宗羲曾痛殴奸臣余党,追杀凶手。后来清兵南下时,黄宗羲还曾组织义军抗击清兵。在抗清失败后,黄宗羲潜心著述,成为当时著名的思想家、历史学家。

这次黄宗羲来到天一阁,请求登楼读书。黄宗羲高尚的品格、深厚的学识和他在学术上、思想上的贡献,得到了范家的认可。各房子弟都愿意让他登上天一阁读书。就这样,天一阁终于迎来了第一位外姓的读书人。在1673年,黄宗羲翻阅了天一阁的全部藏书，还为天一阁编撰了书目，即《天一阁藏书记》。

在此后200年的时间里，天一阁曾允许十余位大学者登楼读书。

天一阁的书也曾被盗走过

在这么严苛的管理下，天一阁的书是不是会保存得很好，不会被偷走呢？壮壮想，于是他又穿越到了清朝后期。

这时，太平军进攻到了宁波。一个当地的小偷竟然趁乱拆毁了天一阁的墙，偷了很多书出来。

更可恨的是，这个小偷一点都不知道这些书的珍贵，竟然当作废纸论斤卖给了造纸的作坊。有人听说了，就出高价从造纸作坊买走了一批书。可那些书却因为保管不好，被一场大火烧毁了。

壮壮看着心疼极了，这可是范家精心保管了几百年的珍贵古籍啊！

这还不算最严重的。到了1914年，有一些书商找到了一个名叫薛继渭的小偷。这个小偷有飞檐走壁的本事，书商出重金请他去偷天一阁的藏书。

结果这个小偷真的潜入了天一阁的藏书楼。他竟然胆大包天，住在藏书楼里面。他白天睡觉，晚上偷书，每天只吃自带的枣子充饥。

最后这个小偷几乎偷走了天一阁将近一半的珍贵书籍。

而书商拿到书籍后，试图将它们高价卖给外国商人。这时商务印书馆的张元济先生听说了这件事，就立即拨出巨资把书籍买下，保存在东方图书馆的涵芬楼里。涵芬楼是商务印书馆专门收藏珍贵古籍的藏书楼。天一阁流失的一部分藏书在涵芬楼得到了良好的保护。可惜的是后来日军侵华,将这里全部炸毁了。

天一阁究竟发挥了什么作用?

天一阁这么多年保存藏书,究竟发挥了什么作用呢?壮壮想。

清乾隆三十八年(1773),乾隆下令编修《四库全书》,向全国征集各种珍贵古籍。为此,天一阁献出了珍藏的638部珍本古籍,其中被《四库全书总目提要》采录的有473部。在当时献书的全国藏书家中,天一阁的贡献最多。此后,天一阁被视为民间藏书楼的典范和样板。就连珍藏《四库全书》的皇家藏书楼"四库七阁"——紫禁城文渊阁、沈阳文溯阁、圆明园文源阁、承德避暑山庄文津阁、扬州文汇阁、镇江文宗阁、杭州文澜阁——也都是仿照天一阁建造的。

在天一阁藏书文化的影响下,大运河沿岸还出现了南浔嘉业堂、苏州过云楼、扬州测海楼、扬州街南书屋等藏书楼。这些运河沿岸的藏书楼为我国古代书籍、资料的保存做出了巨大贡献。

现在的天一阁,已经从古代的私家藏书楼,发展成为一个以藏书为核心,融藏书的研究、保护、管理、陈列以及社会教育和文化旅游于一体的专题性博物馆。目前天一阁博物馆中开设了天一阁史迹陈列、中国地方志珍藏馆、中国现存私人藏书楼陈列、明清法帖陈列等,让游客可以比较系统和深入地了解天一阁藏书文化。

第二章 杭州

是谁让西湖变得如此美丽？

蒙蒙烟雨中，一个青衫少年举着油纸伞在西湖边漫步。原来是壮壮来杭州研学了。他在杭州参观了京杭大运河博物馆，然后来到慕名已久的西湖。

"水光潋滟晴方好，山色空蒙雨亦奇。欲把西湖比西子，淡妆浓抹总相宜。"壮壮一边吟着苏轼的这首《饮湖上初晴后雨》，一边漫步在西湖边上，悠悠然不觉沉醉在这方山水之中。

这么美好的西湖究竟是自然形成的，还是什么人修建的呢？欣赏着西湖的美景，壮壮心中又升起了一个问题。

壮壮想要穿越到古代去一探究竟，于是他按下了时空穿梭眼镜的按钮，念起了穿越的口令："壮游大运河，神奇大揭秘。穿越！"

江海故地：西湖原来连着大海

一道白光过后，壮壮带着心中的疑惑，在西湖烟雨中穿越到两千多年前秦朝时的杭州。

吴越篇　神秘旅程遇奇迹　壮壮穿越游运河

壮壮穿越成了秦始皇身边的一个小侍卫。此时，壮壮正护卫着秦始皇到钱唐（杭州）地区南巡。

秦始皇发现这里的人很少，于是他就派壮壮去探查一番，找找这边人烟稀少的原因。

壮壮经过一番考察才发现，原来此时杭州的西湖部分与海洋是相通的，这块区域是一片江海。由于海水渗入，附近的泉水又咸又苦，再加上这里水泽纵横、河湖遍地，车马不能通行，交通很不便利，于是住在这边的人就很少。

那西湖是在什么时候与大海分开的呢？

壮壮按下时空穿梭眼镜的按钮，穿越在时空中寻找答案。

他看到钱塘江湾的泥沙不断堆积，钱塘江的河道随之不断南移。同时在海潮的影响下，在今天的吴山和宝石山两山岬角外逐渐形成了一带沙洲。这些沙洲就围出了一个随海潮出没的潟湖（xì hú，指被沙嘴、沙坝或珊瑚分割而与外海相分离的局部海水水域），这就是西湖的雏形。

后来在东汉末年，官员华信招募百姓修筑了海塘，才把西湖与大海隔开。西湖从此就成了内湖，周围泉水、溪水的注入逐渐把湖内的咸水变成了淡水。

大运河开通：是谁让杭州人喝上了甘甜的水？

那究竟是什么时候住在杭州的人才吃上了甘甜的淡水呢？带着疑问，壮壮又按下时空穿梭眼镜的按钮，穿越了几百年，来到了唐朝德宗时期（779—805）。

此时，隋唐大运河已经开通，杭州的农业、丝织等方面有了很大进步，变得比较富庶。杭州开始在历史的舞台上担当重要的角色。

这时，有一个名臣李泌——他也曾是一位"神童"——在朝廷中受到排挤，被派到杭州担任刺史。壮壮穿越成了李泌的小书童，跟着李泌一起来到杭州。

到达杭州之后，李泌知道了杭州人的饮水困难，于是就想办法解决。

"先生，我们去钱塘湖（即西湖）看一看吧。听说那里的水甘甜，如果能把那边的水引到城里，人们就不缺水喝啦。"壮壮向李泌提出建议。

李泌听了觉得有道理，于是就带壮壮一起去杭州周边考察了一番。

通过考察，李泌了解了杭州的地理特点。他根据杭州的地理走势，建造了石涵桥、石涵闸等水利工程，引当时的钱塘湖水进入杭州城，还带领百姓开凿出了六口水井。后来，这六口水井就被人们称为李泌六井。

通过李泌的治理，杭州的百姓终于喝上了甜美的西湖水。慢慢的更多的人来到杭州，杭州也越来越富庶了。

今天杭州的"相国井"就是人们为了纪念李泌而命名的。

为西湖代言的第一位大诗人

西湖是从什么时候开始从一个平凡的湖，变成了江南文化的美好象征呢？

为了解开这个疑问，壮壮又穿越到了几十年以后，到了唐穆宗时期（820—824）。此时的杭州迎来了一位大诗人：白居易。

白居易受到一些高官的排挤，被派到杭州担任刺史。这一年正遇上旱灾，白居易看到杭州地区的很多田地没有水灌溉，担心百姓会颗粒无收，于是想把西湖的水先引到大运河，再通过运河放水灌溉两岸的田地。

可是这里的县官却说："如果放了西湖的水，西湖的鱼类就会无以为生，湖里的菱芡也会减产，供给百姓饮水的李泌六井也会无水可用。"

穿越而来的壮壮在一旁听了，觉得有些可疑，就和白居易一起探查了一番。

探访之后，白居易发现县官是在欺骗自己，于是他严厉责问县官，究竟是人命重要还是鱼虾重要。县官哑口无言。

后来，白居易启动了疏浚钱塘湖（西湖）的工程，引湖水入运河，再用运河水灌溉两岸农田。经过这一工程，获得灌溉的田地面积达到一千顷。他还修复了李泌六井，以保障杭州居民的饮水需求。白居易还修筑了一条水堤，人们称之为白公堤。这条水堤现在已经无迹可寻。后人就把另外一条为蓄积湖水灌溉农田而建的白沙堤称作"白堤"来纪念白居易。这条白沙堤就是白居易《钱塘湖春行》中"最爱湖东行不足，绿杨阴里白沙堤"所说的白沙堤了。

除此之外，白居易还留下了"未能抛得杭州去，一半勾留是此湖""江南忆，最忆是杭州"等诗句，给杭州和西湖增添了许多文化意蕴。经过多年的发展，钱塘湖（西湖）的影响逐渐变大，杭州也逐渐有了大都市的雏形。

为西湖奠定文化地位的大文豪是谁？

即便是盛唐的繁华也终将落幕，即便是五代十国的纷争也终将停息。人民的意志在书写着未来，历史的洪流势不可当。岁月的指针又一次停到了宋代哲宗年间（1085—1100）。这次壮壮同学按下时空穿梭眼镜的按钮后，竟然穿越成了大文豪苏轼身边的小书童。

1089年，苏轼被贬，来到杭州担任知州。苏轼到任后就遇上了旱灾。大旱之下，饥荒和瘟疫并发。

穿越而来的壮壮对此十分担心，他着急地问苏轼："先生，现在的情况太严重了，杭州百姓都在受苦，您有什么办法救救他们吗？"

苏轼沉思良久，皱起的眉毛忽然挑起，爽朗地说："我有办法了！壮壮，笔墨伺候。"

壮壮一听，知道有戏，赶紧给苏轼准备好了笔墨纸砚。

苏轼拈起毛笔，蘸满墨汁，笔走龙蛇，不一会儿就写好了一份奏折。

原来，苏轼向朝廷上书，请求免去杭州上供米粮的三分之一，又申请朝廷赐予杭州一部分剃度僧人的牒文。

壮壮纳闷地问："先生，我知道减免上供的粮食可以减轻百姓负担，还能省下粮食帮百姓渡过难关。可是您向朝廷申请这些剃度僧人的牒文有什么用呢？"

苏轼哈哈大笑："你可知道，僧人是不用缴纳赋税、不用服劳役的。大荒之年，官府也没有足够的钱粮来帮助百姓，但有不少寺庙和有钱粮的富户是想要这个度牒（度牒即剃度僧人的牒文，在古代有了度牒才是合法的僧人）的。他们想要度牒，就拿钱粮来换吧！"

吴越篇　神秘旅程遇奇迹　壮壮穿越游运河

"原来如此！这样我们就有钱和粮食来帮助百姓们了。"壮壮恍然大悟，开心地跳了起来，"那我们下面就卖度牒给百姓发放粮食吗？"

"哎呀！这可不行。直接发钱发粮食会坏事的，你都不知道各级官吏层层盘剥之下能有几个子儿落到百姓手中呢。"苏轼提醒壮壮说。

"啊！"壮壮不由一呆，"那我们该怎么办呢？"

"别急，山人自有妙计！"苏轼轻摇折扇，胸有成竹地说。

原来，杭州西湖因为多年来疏于管理，湖水中的荇、蒲等植物疯狂生长，侵占湖面，剩下的水面越来越小了。而杭州段的运河也因为引用潮水补给水源导致淤塞，影响了漕运，亟待修缮。于是苏轼想出了一个"以工代赈"的办法。

一方面，苏轼用申请的赈灾的钱粮来赈济灾民，还低价出售常平仓（中国古代为调节粮价、备荒救灾在各地设置的粮仓）的米，让人们吃得起饭。又做了许多药剂，派人带着医生到处为人们治病，救活了很多人，还防止了大规模瘟疫的发生。

另一方面，他用救荒剩余下来的一万缗钱、一万石粮和一百份度牒来招募工役"以工代赈"。

他组织受灾的民众疏通了茅山、盐桥两条接受潮水的河流，使运河的漕运更加畅通。又修建了坝堰和闸门，用来积蓄和排泄湖水，让杭州城内的用水不再受潮水的影响。此外，他修复了李泌六井，还把疏浚西湖挖出的荇白根堆积在湖中，筑成南北长三十里的长堤以便通行。这道长堤筑成后，人们在上面种了木芙蓉、杨柳等植物，让西湖上又增添了一道美丽的风景。人们为了纪念苏轼就称这道长堤为"苏公堤"。

苏轼治理西湖

　　工程完工后，苏轼还招募百姓在湖中种上菱角。有了菱角，茭白根就不再疯狂生长了。这样既保护了湖面环境，采收菱角获得的钱也能积蓄起来，用于西湖日常的维护和修缮。

　　除了这些，苏轼还给西湖留下了《望湖楼醉书》《饮湖上初晴后雨》等美丽诗篇。

　　苏轼之后，杭州的发展越来越快，逐渐有了"上有天堂，下有苏杭"的说法，西湖也成了集自然风光与历史文化于一体的天下名胜，更成为大运河上的一颗璀璨明珠，也成为江南文化的代表。

　　2011年6月24日，杭州西湖文化景观被正式列入世界遗产名录。2014年与西湖水脉相连的中国大运河（含京杭大运河、浙东运河、隋唐大运河三部分）也被列入了世界文化遗产名录。

第三章　嘉兴

船为什么要爬上大坝？

一轮红日冉冉升起，绚烂的朝霞映在水面，把宁静的江南运河绣成了一匹长长的锦缎。

今天，壮壮来到浙江省嘉兴市长安镇研学。这时他正坐在运河边的柳树下，手里拿着一本《水浒传》，口中念道："'宋江当下差正将二员花荣、秦明，先来哨路，随即催战船车过长安坝来。'这里就是战船爬上坝的长安坝吗？"

原来壮壮读《水浒传》的第一百一十四回《宁海军宋江吊孝　涌金门张顺归神》时，对里面战船过坝的情节有些不理解，于是专程来到浙江嘉兴海宁市长安镇的长安坝，想要一探究竟。

看着眼前的长安坝遗址，壮壮琢磨着，船为什么要爬到坝上呢？

壮壮心想："不如穿越到《水浒传》中描述的时代去揭开秘密吧！"于是他按下时空穿梭眼镜的按钮，念起了穿越的口令："壮游大运河，神奇大揭秘。穿越！"

大坝拦住运河，船只怎么通过？

蜻蜓弯下尾巴，在水面点出圈圈涟漪，一阵白光闪过，壮壮抱着《水浒传》穿越到了书中那个金戈铁马的时代。这回，他成了小李广花荣麾下的小军师。

此时壮壮正和花荣将军一同乘船沿浙东运河到达长安镇。

"报……"忽然有哨兵报信，"我军到达长安坝，船只不能前进，请将军定夺！"

花荣一听，急忙叫上壮壮一同到坝前查看。

原来长安镇有长安塘和上塘河两条水系，因为二者的水位不同等原因，人们在这里修建了长安闸、长安坝等系统的水利设施来节制水位，保障运河的运行。长安坝和长安闸截断了运河，往来的船只经过此处时，大船和载满货的船只需要等待开闸通过；而小船、空船则可以通过人工将船拔到坝上，然后才能进到另一端的运河中。

此时长安坝的斜坡上，有几个人正在拉着一条小船过坝。

花荣见状皱起眉头说："小船过坝比较容易，我们的大战船过坝可就难了啊。壮壮，你有没有办法？"

壮壮一时间也想不出该怎么办，就建议花荣说："将军，不如先安排人把小的战船拉过坝去。我们一边去问一下附近的乡亲，看看他们是否有办法让大船过坝。"

于是花荣传令，让士兵们十几人一组，先把小船用长长的缆绳，沿着堤坝的斜面拉过坝去。他则带着壮壮和两个卫兵去镇里找人帮忙。

吴越篇　神秘旅程遇奇迹　壮壮穿越游运河

大船拔不动怎么办？

"老奶奶，您好啊！不知道咱们镇里可有常年拔船过坝的老手啊？"壮壮看到一个在河边洗衣服的老奶奶，就很有礼貌地前去询问。

"什么？你们是要拔船吗？"老奶奶说。

"是啊。"壮壮回答，"我们的大船过不了坝，想找懂行的人给拿个主意。"

"这样的话，你们得找村口的老李，他有办法可以拔大船的。"说着，老奶奶给他们指了指村口一户人家，"就那儿，院里种着棵桂树的就是老李家了。"

壮壮和花荣谢过老奶奶，来到这户人家，找到了老李。

问明了来意，老李爽朗大笑："原来是呼保义宋公明的队伍过来啦。能帮助花将军拉船过坝，也是俺老李的荣幸啊！这事包在俺身上了！"

花荣连连道谢，并问李老头："李老伯，我们的大战船可是很重的，您有什么办法拉它过坝呢？"

老李带着花荣一行人来到一个房间，只见房中放着两个巨大的绞车。老李拍拍绞车，骄傲地说："有这两个绞车，多重的船咱都拉得动！"

花荣大喜，有了绞车就能"四两拨千斤"，这回大船也能过坝了。

于是花荣安排士兵把绞车抬到大坝。在老李的指挥下绞车不一会儿就安装好了。老李又从镇里牵来几头牛，用牛来拉动绞车。接着，老李让士兵们从河中取水，泼在坝上。不一会儿坝上满是泥

拔船过坝

水,变得十分光滑。

"好了,可以拔船了。"老李系好了连接大船的缆绳,向花荣汇报。

"好,拔船!"花荣一声令下,士兵们按照老李的安排,有的赶着牛拉动绞车,有的在两旁拉着绳子保持船身的平衡,不一会儿巨大的战船就被拉上了长安坝。

随着绞车的继续转动,只听"扑通"一声,大船就落到了大坝另一半的运河里,溅起了无数浪花。士兵们看到拔船成功,也发出一片欢呼。

就这样,大船一艘接着一艘被拔过大坝,终于梁山水军的战船全部跨过了大坝。

吴越篇　神秘旅程遇奇迹　壮壮穿越游运河

　　花荣让人给老李准备了一些银两作为酬谢，可老李敬佩梁山好汉的忠义，说什么也不收。他只能耐心劝说："李老伯，这次多亏了你，我们的战船才能顺利过坝。我们梁山好汉最看不惯欺压百姓的贪官污吏，自己更不能做对不起百姓的事！这些银两你无论如何也要收下啊！"

　　壮壮也劝说老李："现在兵荒马乱的，乡亲们日子也都不好过，这些银两您就收下吧，也好帮帮乡亲们啊。"

　　老李听了，感激地收下银两，嘴里不住地赞叹："梁山好汉都是义士啊！"

　　梁山好汉们告别老李，继续出征方腊了。壮壮的穿越也告一段落。

　　利用堤坝的斜面（即升船斜面）来"拔船过坝"，是我国古人很早就掌握的技术。人们在此基础上开发出了借用绞车等机械，用人力、畜力、动力等方式的"拔船过坝"。相比于用复式船闸来解决不同水面的落差问题，"拔船过坝"的方式对水源依赖少，管理也更为简单，因此在历史上应用了很长时间。在大运河上就曾有长安坝、奔牛坝等拔船坝。后来人们又发明出了电动升船机等现代化的机械，让"拔船"变得更方便。

　　今天故事中的长安坝也经历了上述的发展过程，至今它还留在长安镇讲述着当年的故事呢！

第四章 嘉兴

南湖红船承载着什么样的精神?

一叶红船,载着真理点亮湖畔。一个民族一群人,瞳孔中有誓言燎原……

《一叶红船》的歌曲回荡在耳边,壮壮的心情也跟着歌曲的旋律激荡着。

今天阳光明媚,壮壮沿着大运河来到嘉兴南湖,看着红船,听着红歌,他的心情很激动,迫不及待地想要了解更多关于红船的知识。

这时恰好听到"一叶红船,载着真理点亮湖畔"这句歌词,壮壮心想:"红船上载着的真理究竟是什么呢?"

不如穿越过去一探究竟吧!壮壮想着,于是按下时空穿梭眼镜的按钮,念起了穿越的口令:"壮游大运河,神奇大揭秘。穿越!"

吴越篇　神秘旅程遇奇迹　壮壮穿越游运河

嘉兴南湖革命纪念馆研学

壮游大运河

你知道近代中国经历了哪些苦难吗？

带着心中的疑问，在一道白光中，壮壮穿越到了100多年前的中国。此时的中国，经历了种种磨难，整个国家都处在风雨飘摇之中。

从1840年鸦片战争开始，西方列强多次入侵中国，强迫腐败的清政府签订了一系列不平等条约，迫使清政府割地赔款。中国由此逐步沦为西方列强的半殖民地，清政府也成了外国列强统治中国的工具。腐朽的统治者为了支付赔款和维持自己奢靡的生活，就加倍压榨劳动人民，人民生活在水深火热之中。

这种情况下无数仁人志士掀起了戊戌变法、辛亥革命等救亡图存的运动。

戊戌变法失败了。1911年辛亥革命爆发，1912年清政府被推翻，但辛亥革命并没有完全成功。袁世凯窃取了革命果实，占据大总统之位，后来又复辟帝制。此后中国陷入了各地军阀混战的局面，人民的生活更加苦不堪言。

是谁燃起了黑暗中的点点星火？

这种情况下，怎样才能挽救中国、解放人民呢？壮壮在心里思考着。

在资产阶级的戊戌变法和辛亥革命都行不通的情况下，人们迫切需要新的思想理论来主导中国的革命。

这时马克思主义传到中国，苏联十月革命胜利，为中国无产阶级革命提供了理论依据和实践榜样。

在近代，随着帝国主义的入侵和民族工业的发展，我国的现代工业有所发展，在中国出现了200多万产业工人，工人阶级成为一股强大的力量。1919年的五四运动促进了马克思主义与工人运动的结合，也让人们意识到，要取得革命胜利，必须有一个科学的理论武器和一个无产阶级的政党。

1920年到1921年，中国各地成立了共产党早期组织。陈独秀、李达等人在上海建立了中国共产党的早期组织，李大钊等人在北京，毛泽东、何叔衡等人在长沙，董必武、陈潭秋等人在武汉，王尽美、邓恩铭等人在济南，陈独秀、谭平山等人在广州，都先后建立了党的地方组织。与此同时，日本和法国的中国留学生中的先进分子也组建了党的早期组织。

这些中国共产党的早期组织就像在黑暗中亮起的点点星火，为中国革命开启了新的道路。

1921年6月，在共产国际代表的建议下，上海的共产主义小组向各地致函，要求各地派两名代表，在7月下旬到上海召开全国代表大会。

不久，各地代表以"北京大学暑期旅行团"的名义来到了上海。这次来参加会议的代表有毛泽东、何叔衡、李达、李汉俊、张国焘、刘仁静、董必武、陈潭秋、王尽美、邓恩铭、陈公博、周佛海。陈独秀因为在广州有事无法参会，指派包惠僧代表他参加。另外参会的还有共产国际的代表马林和尼克尔斯基。

这么重要的会议为什么会在船上举行？

壮壮知道这次会议后来是在嘉兴南湖的这艘红船上举行的。可是这么重要的会议为什么会在一艘船上举行呢？

其实这次会议并不是一开始就在船上举行的。当时为了不被反动派发现，大家选择在上海李汉俊的哥哥李书城家中举行这次会议。

1921年7月23日，中共一大会议在上海开幕。这次会议由张国焘主持，毛泽东和刘仁静担任会议的书记员。来自全国各地的共产党早期组织的代表们先后举行了六次会议。其间还休会两天，用于起草党的纲领和工作计划。

在7月30日晚，会议正在召开的时候，一个陌生的中年男人突然闯进会场。负责安全警戒的王会悟（李达的妻子）意识到情况不妙，报告给了共产国际的代表马林。马林的警惕性很高，立即停止了会议，并让大家拿上东西马上转移。

果然，十几分钟后法国巡捕房的两辆警车就将会场包围了。

这里已经引起了反动派的注意，会议不能继续在上海召开了。可是要去哪里开呢？

这时王会悟向大家建议到嘉兴去开会。一则嘉兴离上海近，二则可以在嘉兴南湖包一艘游船，在船上开会，那里游人少，便于隐蔽。大家觉得这个意见很好，就决定去嘉兴南湖开会。

于是，王会悟就来到嘉兴，在一家旅社为代表们订了房间，并请旅行社在南湖包了一艘画舫。

第二天，各地代表分头坐车到了嘉兴。为了避免因外国人的身份引起别人的注意，这次的会议马林和尼克尔斯基没有参加。另外，李汉俊、陈公博也因故没有参加。最终参加会议的有11人。

第三天，会议就在画舫上顺利召开。当时南湖上飘着细雨，王会悟装作卖唱的歌女，坐在船舱外望风。一有船只靠近，她就会唱

吴越篇 神秘旅程遇奇迹 壮壮穿越游运河

起江南小调,以打节拍的方式敲打舱板,提醒代表们注意。参会的代表们得到提醒就会暂停会议,拿出准备好的麻将,装作打麻将的样子。

终于在1921年8月1日,各位代表完成了中国共产党第一次代表大会的全部议程,通过了中国共产党纲领,宣告中国共产党正式成立。中共一大胜利闭幕。

来自各地的代表们在船上轻呼出了那个时代的最强音:"中国共产党万岁!第三国际万岁!共产主义万岁!"

嘉兴红船究竟代表了什么样的精神?

正如毛泽东所说:"自从有了中国共产党,中国革命的面目就焕然一新了。"

中国共产党诞生之后,领导工人阶级、农民阶级,团结社会各个阶层的民主力量,组建工农红军,建立革命根据地,掀起了轰轰烈烈的中国无产阶级革命运动,最终打跑了日本侵略者,打倒了反动派,建立了新中国。

昔日的红船已经在多年战乱中消失无踪。1959年,人们仿制了一艘画舫,放在南湖,作为中共一大的革命纪念船。因为这船承载着重大的红色革命意义,后来人们就亲切地将这艘船称为"红船"。

1963年12月,中共一大南湖会议的亲历者董必武为中共一大南湖会址题写了一副楹联:"烟雨楼台,革命萌生,此间曾著星星火;风云世界,逢春蛰起,到处皆闻殷殷雷。"

1964年4月5日,这一天正值清明时节,董必武又一次来到嘉兴南湖。他是唯一一位重访南湖的中共一大代表。董老回忆起当时一大代表们在游船内召开会议，庄严宣告中国共产党成立的情景，写下了一首《题南湖》："革命声传画舫中，诞生共党庆工农。重来正值清明节，烟雨迷蒙访旧踪。"

后来，人们在红船东面临水的地方建了一座访踪亭，将董必武的《题南湖》诗刻成碑，立于亭中保存。从此，这首诗和红船一起，发挥起弘扬革命精神、传承革命薪火的作用。

今天，嘉兴南湖的红船，已经成为中国革命源头的象征，成了中国共产党的诞生地。

2005年6月21日，时任浙江省委书记的习近平在《光明日报》上发表了《弘扬"红船精神" 走在时代前列》的署名文章。在这篇文章中，习近平站在历史的高度，系统阐述了"红船精神"的历史及现实意义，将"红船精神"概括为开天辟地、敢为人先的首创精神，坚定理想、百折不挠的奋斗精神，立党为公、忠诚为民的奉献精神。

第五章　苏州

运河上的乡愁是一种什么样的滋味？

枫桥夜泊

唐·张继

月落乌啼霜满天，江枫渔火对愁眠。
姑苏城外寒山寺，夜半钟声到客船。

这一天，壮壮和壮游大运河的父子们一起来苏州研学。他们坐在苏州古运河上的枫桥边，吹着凉风，吟诵着唐代诗人张继这首流传千古的名作《枫桥夜泊》。

看着静静的流水、弯弯的小桥，壮壮心想："诗人张继究竟在为什么发愁呢？不如穿越时空去探索一下吧。"于是他按下时空穿梭眼镜的按钮，念出了穿越的口令："壮游大运河，神奇大揭秘。穿越！"

诗人张继究竟是在为什么发愁？

唐代天宝十四年（755）十一月，安禄山、史思明起兵反唐，史称安史之乱。天宝十五年（756）六月，叛军逼近长安，唐玄宗仓皇出逃。

当时北方战乱，不少文士逃往政局比较稳定的江苏、浙江一带。诗人张继也乘着小船沿着隋唐大运河一路来到了苏州城外。

而壮壮带着心中的疑惑，也穿越到了此处，成了诗人张继身边的小书童。

这个时候已是深夜，苏州城门紧闭，张继和壮壮只能在客船上等到天亮才能进城。

星辰西移，天上的月亮渐渐落下，张继仍然坐在船头看着迷雾中的点点渔火。忽然几只乌鸦飞过，传来声声凄厉的啼鸣。

"张先生，时候不早了，您快睡会儿吧。"壮壮已经很困了，他打着哈欠劝张继早点休息。

"唉！睡不着啊。"张继叹口气说道，"安禄山起兵造反，圣上退出长安，也不知道现在北方的局势究竟如何了。"

"先生放心吧。今天白天过闸的时候，我听一个船老大说，郭子仪和李光弼将军已经在河北打了好几个胜仗了。"壮壮把自己听到的消息告诉了张继。

"郭子仪、李光弼两位将军忠君爱国、能征善战，真是国家之幸！"张继点点头说。

"我还听说，许远太守和张巡将军也在死守运河重镇睢（suī）阳，听说那边打得很惨烈，死了好多人。"旁边的船工听见壮壮他们的谈话，也说了自己听到的消息。

"睢阳是运河要冲，只要守住了睢阳，南方的粮草就能不断运到北方。郭将军他们有了粮草补给就能长久作战，而叛军长途作战必然不能持久。我们官军一定能打败叛军的！"张继分析道。

吴越篇　神秘旅程遇奇迹　壮壮穿越游运河

原来在757年，安庆绪杀死安禄山，取代了安禄山的位置。安庆绪命部将尹子奇率领18万兵马，进攻运河上物资运输的要冲睢阳，意图切断唐军的粮草供给线路。

当时的睢阳太守许远和将领张巡带领3000守军保卫睢阳。他们以数千人抵抗十几万叛军，在极其艰难的条件下坚守睢阳近10个月，其间大小战斗达400多次，消灭了大量叛军。最后睢阳被叛军攻破，张巡等36位将士宁死不降，惨遭杀害。

睢阳保卫战虽然最终失败了，但张巡、许远坚守睢阳，不仅牵制和消灭了大量叛军，更重要的是保住了大运河粮草运输线路，保卫了南方江淮地区物资基地的安全，保障了唐军的后勤补给，也为唐朝平定安史之乱赢得了时间。

"赶紧打败叛军吧！我老家在河南，我的父母妻儿，都还在那边。刚开始打仗那会儿，我就受命南下运输军粮，都好久没有他们的消息了。不知道他们是否安全……"船工说着说着，竟担心地落下泪来。

"相信他们会安全的。"张继安慰船工，说着他也叹息道，"我也离家好几年了，不知道我的父母兄弟是否安好，不知道故乡是否山河依旧呢。"

在那个兵荒马乱的时代，国家局势岌岌可危，每个人都朝不保夕，更不知道远方的亲人是否平安。每个心怀家国的人，都背负着国家、家庭和个人的无数忧愁。看着江边在秋风中萧瑟的枫树，看着满天的流霜，看着点点渔火，张继心中感慨万千。

忽然，一道悠远的钟声从远处的寒山寺中传来，一下触动了张继的心弦。他站起身来，在缓缓流淌的运河上吟诵出了那首流传千古的名篇《枫桥夜泊》。

壮游大运河

枫桥夜泊

《枫桥夜泊》该怎么理解？

在张继的吟诵中，壮壮穿越回了现实之中。

站在枫桥上，耳边忽然传来了一阵诵读《枫桥夜泊》的声音，原来是参加"父子壮游大运河"的父亲和孩子们在枫桥旁一起诵读《枫桥夜泊》。

"爸爸，这首诗我不太懂，你快给我讲讲吧。"一个五六岁的小女孩拉着她父亲的手说。

孩子的父亲俯下身来对孩子说："好啊，那爸爸就给你讲一讲吧。"

吴越篇　神秘旅程遇奇迹　壮壮穿越游运河

"好啊！好啊！快讲！"小女孩开心地说。

于是这位父亲说道："这首《枫桥夜泊》是唐朝的诗人张继写的。第一句'月落乌啼霜满天'，就是说夜很深了，月亮都落了下去，夜里很冷，满天都是寒气，乌鸦在一声声啼叫。"

"他晚上是要住在船上吗？"女孩问，"他为什么不住在屋子里呢？"

"那是因为当时诗人坐船到苏州来，时间太晚，进不了城，所以只能住在船上啦。"女孩的父亲解释说，"你看，这首诗的第二句'江枫渔火对愁眠'，就是说诗人对着江边的枫树和船上的渔火，带着忧愁入睡。"

"他好可怜啊。"女孩担心地说，"那么冷的天，他在船上睡着了吗？"

父亲摸摸女孩的头，说："答案在后面的三、四句里呢。'姑苏城外寒山寺，夜半钟声到客船'，就是说姑苏城外的寒山寺里有僧人在半夜里敲钟，钟声远远地传到了客船上。你说他睡着了吗？"

"我知道了，他没有睡着。"女孩说，"因为他半夜里还听到钟声了，如果睡着了的话，是听不见的。"

父亲听了，笑着点了点头。

这时旁边一位大哥哥说："《枫桥夜泊》这首诗写得太好了，情景交融，物我合一，意境浑然天成。在自然、流畅的语言中蕴含了诗人对国家、对家人、对自身的种种愁绪，偏偏又没有具体指向哪一种。于是每个人读来，都可以把自己的'愁'寄托在其中。因此才能引起无数读者的共鸣，成为后世广为传诵的名篇。"

另一位壮游大运河的小朋友也发表自己的看法说："我听说，这首诗不仅我们中国人喜欢，还影响了很多国家呢，还被日本人编进了他们的教科书里面。"

接着,壮壮与壮游大运河的父子们一起游览了这里的枫桥古镇、古运河、寒山寺、拙政园,参观了漕运展示馆,还去了苏州的宝带桥、盘门、山塘和平江历史文化街区等大运河文化遗产点,一路见证了苏州的繁华、苏州的美好、苏州的历史文化。

第六章 无锡

运河上的红色资本家是谁？

今天壮壮和壮游大运河的小朋友们一起来到无锡研学。

在这里他们一起游览了被列为大运河世界文化遗产点的江南运河无锡城区段，亲身感受到了江南水乡的清雅和美。

现在，他们来到了中国民族工商业博物馆，要考察一下运河上的近代工商业文明。

站在博物馆前，能够看到平静的大运河轻轻绕过这座博物馆的东、西、北三面，缓缓流向远方。遥想100多年前，这里曾是中国最早的一批面粉厂之一——无锡茂新面粉厂（最初名为保兴面粉厂）。当时曾有无数船只在这条大运河上来来往往，将这里生产的面粉送往全国乃至世界各地。

而今，古老的面粉厂变成了现代化的博物馆，静静地矗立在运河边，和大运河一起向人们诉说着中国近代民族工商业发展的历史。

说到这段历史，定然绕不开杨氏业勤纱厂、荣氏保兴面粉厂以及荣氏后人"红色资本家"荣毅仁的故事。

无锡的工商业发展究竟经历了什么样的过程呢？荣毅仁又为什么被称为"红色资本家"呢？

壮壮心想："不如穿越到过去一探究竟吧！"于是他按下时空穿梭眼镜的按钮，念起了穿越的口令："壮游大运河，神奇大揭秘。穿越！"

开创无锡民族工商业的第一代"创客"都有谁呢？

无锡的第一批近代企业都有哪些呢？开创无锡民族工商业的第一代"创客"都有谁呢？

壮壮怀着疑问穿越到了1895年的无锡。

无锡地处长江三角洲平原腹地，东邻苏州，南滨太湖，西接常州，北倚长江，京杭大运河从境内穿过，在地理、气候、交通等方面都有着极大优势，自古就是鱼米之乡，明清以来素有"布码头""钱码头""窑码头""丝都""米市"的美称，商业十分繁荣。无锡繁荣的商业环境为后来无锡近代工商业的产生打下了良好基础。

鸦片战争之后，西方列强打开了中国的大门，中国逐步沦为半殖民地半封建社会。此后无数西方的工业产品开始销入中国，同时西方的先进技术、思想也传入中国。一部分仁人志士开始学习西方的现代工商业技术和管理经验，试图通过发展民族工商业来"实业救国"。

1895年，杨宗濂、杨宗瀚兄弟在无锡创办了业勤纱厂。业勤纱厂是无锡的第一家近代企业，标志着无锡近代工业的诞生。

杨氏兄弟开创了无锡兴办工厂的新风气。许多人效仿他们兴办

吴越篇　神秘旅程遇奇迹　壮壮穿越游运河

茂新面粉厂

了面粉厂、缫丝厂等，成为无锡的第一代"创客"。

1900年，荣氏兄弟荣宗敬、荣德生与朱仲甫合资筹建保兴面粉厂。1903年改名为茂新面粉厂。

1904年，周舜卿开设了裕昌机制缫丝厂。

1908年，薛南溟租下原来的锡经丝厂，改名锦记丝厂（后又称永泰二厂）。

1910年，唐保谦、蔡缄等人合资开办九丰面粉厂；1920年又创办了庆丰纺织厂。

1922年，唐骧庭、程敬堂开办丽新染织厂，后来发展成全国第一家纺、织、染全能的企业。

第一次世界大战爆发后，英国、法国、德国、俄国等国家的生产受到破坏，中国的纺织品、面粉等产品的出口大增。无锡的第一代"创客"以及他们的继承人，抓住了这个机会，逐步发展生产、改进技术、拓展业务、扩大规模，后来发展为无锡六大工商集团，成了中国第一代民族资本家。

荣毅仁为什么被称为"红色资本家"？

荣氏集团的发展是近代无锡工商业发展的一个缩影，也是无锡"创客"最成功的案例之一。

第一代荣氏"创客"是荣宗敬、荣德生兄弟。他们开办了保兴面粉厂、振新纱厂、申新纺织厂。后来荣氏的面粉厂发展到14家，产量占到当时全国面粉总产量的29%。而荣氏的纺织厂也发展到了9家，产量占全国纱布总产量的1/5。荣氏被人们称为"面粉大王""棉纺大王"。

第二代荣氏"创客"以荣毅仁为代表。他自幼受到长辈影响，立下了实业救国的志向。后来荣毅仁还被人们称为"红色资本家"。

作为无锡创客"创二代"的荣毅仁为什么会被称为"红色资本家"呢？

壮壮带着心中的疑问穿越到了1949年上海解放前夕。

此时，经历多年战火，荣氏的产业已经损耗过半。那些年，国民党政府滥发纸币导致严重的通货膨胀，各大民族资本集团受到很大影响。后来国民党又以私套外汇、囤积居奇等罪名逮捕了荣毅仁的堂哥荣鸿元，向荣氏勒索了大量钱财。

在当时困难的环境下，荣氏集团很多人选择离开中国到海外寻

吴越篇　神秘旅程遇奇迹　壮壮穿越游运河

找出路。

这一天，荣毅仁找父亲荣德生商量去海外发展的事。

壮壮心想："荣毅仁会离开中国吗？"

结果，听到荣毅仁的话，荣德生愤愤不平地说："我们一生从没做过坏事，哪里用得着逃到海外去啊！"

于是荣德生和荣毅仁父子坚定地留在了中国。

留在中国的荣毅仁勉力维持着企业的运营。结果就在上海解放前夕，国民党污蔑荣氏卖发霉的面粉给军队，导致东三省的士兵拉肚子，使他们打了败仗，要对荣氏进行审判。就在即将审判荣氏的时候，上海解放了。荣氏集团这才逃过了一劫。

上海解放后，和很多民族资本家一样，荣毅仁也担心新的政府会对他们不利。

解放上海的战斗持续了十几天。在战斗结束后的一个清晨，荣毅仁走上街头，想了解一下外面的情况。

这时，荣毅仁看到了街上一排排露宿街头的解放军。战士们宁可睡在潮湿的街道上，也不去打扰路边的商店和民宅。

荣毅仁心中很震撼，他明白共产党和国民党是完全不一样的。从此他就对共产党产生了很大的信任，想要在党的领导下尽快把荣氏的企业运转起来。

可是，荣毅仁又遇到了巨大的难题。

这一天，许多工人闯到荣毅仁家里索要工钱。

因为连年的战争，荣氏企业正面临着缺资金、缺原料等很多困难，此时连工人的工资都发不出来了。

"荣老板，您对我们一向很好，我们也知道您有难处，我们也不想来逼您的！可是我们家里真的都吃不上饭了啊！"工人们着急地说。

看着工人脸上焦急的表情，荣毅仁心中既愧疚又无奈，因为他也没钱给大家发工资啊。这时，他忽然想到了一个人，那就是当时的上海市市长陈毅。于是，他马上去找陈毅市长请求帮助。

了解到荣氏企业的困难，陈毅市长高度重视，决定给予帮助。于是他协调相关部门，通过发放贷款、供应原料、收购产品和委托加工等方式，给了荣氏企业很大的扶持。在党和国家的支持下，荣氏企业恢复了正常的运营。这件事让荣德生和荣毅仁父子俩对中国共产党更加认可了。

后来，国家要对国内的资本主义工商业进行社会主义改造，很多民族资本家对此不理解。

这个时候，荣毅仁坚信党的政策，对党和国家的工作大力支持。他率先提出将自己的产业实行公私合营，对工商业的社会主义改造工作起到了积极带头作用。在荣毅仁的带动下，上海的资本主义工商业社会主义改造工作取得了很好的效果。

1957年，当时担任副总理的陈毅会见荣毅仁，肯定他的爱国精神和他对国家经济建设的贡献，称赞他是"红色资本家"。这一年，荣毅仁当选为上海市副市长，后来还担任了纺织工业部副部长，再后来担任了国家副主席。

"红色资本家"的新贡献

1979年，人们意识到原来的计划经济不能适应当时的社会发展需要，于是尝试寻找一条发展经济的新道路。

这一年的1月17日，邓小平在人民大会堂宴请了胡厥文、胡子昂、荣毅仁、周叔弢、古耕虞五位工商联及民建领导人。邓小平提出"钱要用起来，人要用起来"，恳请他们发挥自己的能力参与到国家的经济建设中。邓小平特别对荣毅仁说："你办（企业）去吧，全权来做。"这次影响巨大的宴会被人们称为"五老火锅宴"。

这次宴会后，荣毅仁向党中央、国务院提出了设立国际信托投资公司的建议。1979年10月，中国国际信托投资公司正式成立，荣毅仁担任董事长兼总经理。他亲手制定了公司的第一个章程，强调"公司坚持社会主义原则，按照经济规律办事，实行现代化的科学经营管理"。

1982年，江苏仪征化纤重点工程因为缺少资金濒临下马。荣毅仁领导中信公司，冲破很多阻力，在日本发行了100亿日元的债券，成功救活了这个项目。在短短几年内，仪征化纤顺利建成并投入生产，很快就还掉了贷款和利息。

这个项目打开了我国利用国际债券市场引进外资的道路。此后中信公司继续发展、创新，广泛开展中外经济和技术的合作，在国内兴办实业，开展了金融、技术、贸易、房地产、卫星通信等方面的业务，并开展国际经济咨询、国际租赁等业务，为社会主义现代化建设和中国特色社会主义市场经济的探索做出了巨大的贡献。而荣毅仁也被人们亲切地称为"荣老板"。

1984年10月，邓小平高度评价中信公司的成绩时指出，"中国国际信托投资公司可以作为中国在实行对外开放中的一个窗口"，并亲笔为中信公司题词："勇于创新，多作贡献"。

在1993年3月，作为曾经的第二代无锡"创客"，曾经的"红色资本家"，曾经的"荣老板"，荣毅仁被选举为中华人民共和国副主席。

谁是新时代的运河创客？

时光流转间，壮壮已经回归到现代。

回顾这段旅程，壮壮发现在无锡这段大运河上竟然流淌着近代民族工商业发展的历史。这份最初的"创业遗产"和"创客精神"，凝聚在无锡的历史文化中，具有重要的历史价值和时代意义，更具有对话国际的世界身份。

壮壮收到了一份特殊的邀请函，作为一名中国运河青年代表，参加在无锡举办的世界运河青年论坛。

在这里，他遇见了来自巴拿马、埃及、荷兰、日本等国的代表。代表中除了各国官员和世界运河历史文化城市合作组织（WCCO）等国际运河组织的领导，还有许多年轻的企业家、科学家、高校学生等。他们的语言、肤色各有不同，但他们都来自世界各地的运河城市。沟通各地水路的运河带给了他们开放、自由、沟通、融合等共同的精神特质。

在无锡世界运河青年论坛的主论坛上，壮壮和来自各国的代表们以"世界运河·青年责任"为主题，一起聚焦青年的创业使命和无锡独有的工商文化，进行了热烈的探讨。他们一起发布了《世界运河青年无锡（古运河）宣言》，举行了首个运河研学示范区合作启动仪式，发布了10条中外青年壮游江南古运河精品线路。

在分论坛上，壮壮和各国的运河青年一起，聚焦工商文明与运河精神、创客文化的深度融合，举办了"青年运河说"活动，并发布了运河城市创客指数榜。

在"运河文化与实践教育"专场论坛上，壮壮和与会代表们一起聚焦双减政策下运河文化与教育的深度融合，各抒己见，提出了

吴越篇　神秘旅程遇奇迹　壮壮穿越游运河

很多有益的意见和建议，发布了一系列中国大运河文旅案例、教育创新案例和研学案例。

在论坛期间，壮壮还带着部分代表参加了丰富的配套活动，如世界运河青年之家的启用与体验、"打开运河里的中国故事"直播活动、"青春力量·共创运河"创客大赛、运河创客精品展等。

壮壮带着中外青年大学生、青年创客壮游无锡段大运河，走进无锡，深度了解这座运河上的工商名城。

壮壮带着代表们，走过江南运河无锡城区段、清名桥历史文化街区，参观了中国民族工商业博物馆、中国丝业博物馆、无锡水弄堂等研学点，了解了中国近代民族工商业在运河之畔逐渐发展壮大的历史过程，体会到了无锡水弄堂江南水乡文化的韵味。

水弄堂里藏着怎样的江南风韵？

壮壮和壮游大运河的小朋友们一起来到了无锡清名桥历史文化街区。

壮壮一行登上船娘红袖驾驶的游船，在欸乃的橹声中泛舟古运河。古运河两边是一座座粉墙黛瓦的民居，运河上横跨着如彩虹一般的清名桥。

"红袖姐，"壮壮问道，"我听说清名桥这里被称为'江南水弄堂，运河绝版地'，这是为什么啊？"

"这个呀，"红袖一边慢慢摇着船桨一边说道，"万户开窗皆临水，十里人家尽枕河。大运河可是咱们无锡人的母亲河啊！穿城而过的大运河造就了无锡人'傍河而居，因河设市，以河为生'的江南水乡式的运河生活。随着社会的发展，许多城市已经找不到这样的地方了，而无锡的清名桥历史文化街区保留了这种传统的生活方式，把这种江南水弄堂的水乡韵味，优雅地呈现了出来。"

"哇！江南水乡真是太美啦！"壮壮和小朋友们一边鼓掌一边赞叹道。

"当然了！"红袖骄傲地说，"咱们现在在船上，可以看到古运河两边错落的民居、码头、石埠。待会儿啊，你们还可以走进水弄堂的人家，去亲身体验一下家家临碧水，户户响橹声，后门下船，前门上桥，小桥流水，桨声惊梦的雅致生活。"

"太好了！"壮壮和小朋友们欢呼道。

船娘红袖熟练地将游船停靠在运河边的一座码头上，带着小朋友们来到了运河边的一所民居里。

"小朋友们，欢迎来我家做客！"红袖高兴地欢迎大家，原来这是她的家。

一边说着，红袖带着大家参观了这座经典的水乡民居。看起来，这里和别的房子也没有太大区别。不过推开门就是码头，打开窗就能看到缓缓流淌的运河水，即便关着窗子，似乎也能听到运河上船桨划水的声音。同样的一座房子，因为这条运河而变得不一样了。

接着，多才多艺的红袖还和小朋友们一起分享了自己收藏的惠山泥人、紫砂壶、留青竹刻等无锡特有的非遗工艺品。她还带着壮壮他们一起唱了一段评弹。一阵阵悠扬的歌声和小朋友们的欢笑声在这水弄堂上飘荡着。

到了吃饭的时间，红袖还精心制作了无锡的特色美食无锡小笼包、三鲜馄饨、无锡酱排骨、太湖三白等来招待小朋友们。壮壮他们一个个吃得肚子圆圆的。无锡水弄堂的饭菜真是太好吃啦！

吴越篇　　神秘旅程遇奇迹　　壮壮穿越游运河

吃完饭，红袖又带着壮壮他们参观了附近的中国丝业博物馆、窑群遗址博物馆，了解了很多中国丝织行业发展和砖瓦制造的历史。接着他们来到了"书码头"听评弹。

"红袖姐，这里为什么叫书码头啊？"壮壮好奇地问。

红袖解释说："这里啊，原本是大运河上一个码头的候船室，以前人们坐船都要在这里买票、等候。后来这个码头关闭了，人们把这里改成了一个评弹的书场，就叫'书码头'了。"

"哇！你们看，这个海报上说，下午有免费的评弹演出呢。咱们快去看吧！"一个小朋友指着一张海报说道。

于是接下来，小朋友们和红袖姐姐一起进了书码头，去欣赏了一场精彩的评弹演出。

夕阳西下，晚风轻拂，今天的研学就要结束了。小朋友们依依不舍地向红袖姐告别，也向无锡的水弄堂告别。

壮壮心中默默地想："我一定要把这段美好的经历牢牢记在心底。"

第七章　常州

运河上为什么建船闸？

过奔牛闸

宋·杨万里

春雨未多河未涨，闸官惜水如金样。
聚船久住下河湾，等待船齐不教放。
忽然三板两板开，惊雷一声飞雪堆。
众船遏水水不去，船底怒涛跳出来。
下河半篙水欲满，上河两平势差缓。
一行二十四楼船，相随过闸如鱼贯。

  壮壮来到常州研学。坐在常州奔牛镇的运河边，看着滔滔运河水，读起南宋诗人杨万里的《过奔牛闸》。千年以来，奔牛闸屡经兴废，古代的奔牛闸现在早已不见踪迹。只有新疏浚的古运河河道与远方现代化的奔牛水利枢纽遥相呼应，似乎在进行着跨越千年的对话。

  可是，古人为什么要在运河上建船闸呢？

吴越篇　神秘旅程遇奇迹　壮壮穿越游运河

壮壮想要穿越时空去寻找这个问题的答案，于是他按下时空穿梭眼镜的按钮，念起了穿越的口令："壮游大运河，神奇大揭秘。穿越！"

让日本"留学僧"记忆深刻的那座船闸是什么样的呢？

一道白光中，壮壮跨越了千年，来到了北宋熙宁年间（1068—1077）。

此时的奔牛闸具有节制运河水位、保障南北航行的作用，可谓水路要冲，是漕运的重要枢纽。每天来来往往的官家漕船、私人货商不计其数，这才有了杨万里《过奔牛闸》中描述的情景。

壮壮这时候也正坐在一艘船上，等待过闸。旁边除了等待过闸的十几艘大船，还有一些小船正在排着队依次过堰。

原来奔牛闸这里有过船的闸，还有拔船的堰（拔船坝）。大船要等凑够二三十艘，才会开闸过河。而小船过堰则只需要排队等着，两边的工人用水牛拉动绞车把小船一个个拔上堰去即可。

在宋熙宁年间有个叫成寻的日本"留学僧"，就曾沿着运河经过奔牛镇。他在日记中记录了当时奔牛闸用水牛牵引绞车拔船过堰的情形："九月八日，到奔牛堰宿……九日天晴，卯时越堰，左右各有辘轳（lùlu，这里指拔船绞车上的绞盘）五，以水牛十六头，左右各六头。"

壮壮盯着运河上热闹的场景，看了半天，还是没看懂，他疑惑地说："运河上为什么要建船闸啊？让船直接开过去不就可以了吗？"

站在旁边看热闹的船老大听了不禁哈哈大笑："小娃娃，你想得太简单啦！"

接着他解释道："这运河里的水看起来是平的，其实每个河段的河水高度都不一样。有的地方高，有的地方低。大运河南北贯通两千多里，要没有船闸、堤堰的话，你想那些地势高的地方的运河水会怎么样呢？"

壮壮想了想说："水往低处流，高处的水会流到低处！"

船老大点点头说："对啊，这样一来，高处的运河没了水，船还怎么走啊？所以啊，必须要有船闸、堤堰，来把水管住，不能让高处的运河水流光了。"

"原来是这样啊！谢谢您！"壮壮开心地向船老大道谢。

在古代文献《武阳合志》中也记载了奔牛闸、堰设置的原因："上苦水之不足，故置堰于吕城、奔牛，所以蓄其源也；下惧水之过泄，故于望亭置堰，所以节其去也。"大意是说，因为这段大运河上游水源补给不足，在吕城、奔牛设置了堤堰来蓄积水，又在望亭设置堤堰来避免运河水在下游的过度流失。

明白了运河要建船闸、堤堰的道理，壮壮又忽然担心起来："船老大，那船过闸的时候，船闸打开了，高处的水不是也会流走吗？"

"哈哈！这个问题我先不回答你。"船老大神秘地说，"等一会儿咱们过闸的时候，你仔细观察，就会明白了！"

船到底是怎么通过船闸的呢？

运河上的货船一艘接着一艘开过来，不一会儿奔牛闸下就汇聚了24艘大船。

吴越篇　神秘旅程遇奇迹　壮壮穿越游运河

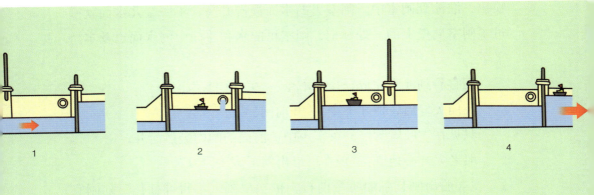

船只过闸示意图

船老大对着一个相熟的官员喊道："陆闸官儿，陆老爷，快开闸吧！咱们下面的船不少啦，赶紧开闸吧！"

"王老大，就你多事。"那位姓陆的闸官笑骂一声，却也下令工人们开闸。

只听得前方"吱呀呀"的声响传来，壮壮细看，原来是工人们转动绞车，将前方一道巨大的闸门拉开。

"大船依次进闸，不得冲撞！"陆闸官下令让大船进到闸室里。

在运河官员的指挥下，大船鱼贯而入，不一会儿24艘大船便都进来了。

"关后闸！"随着闸官的命令，又是一阵"吱呀呀"的声响，后面的闸门又关闭了起来。所有大船都被封闭在了闸室之内。

"开斗门！"陆闸官见后闸已经闭合，于是命令工人打开旁边的斗门，放水进闸室。

"看好了！"这时船老大拍了下壮壮的肩膀，提醒他注意。

壮壮认真查看，只见闸室旁边的斗门打开后，一股水流从中喷出，灌注到闸室中。闸室里的水面慢慢升高，不一会儿水面就漫过了闸室墙壁上的一处标记，闸室里的水和斗门中的水面也基本持平了。

闸官看到注水完成，接着下令："关斗门！"

斗门关好后，他才下令："开前闸！"

只见在"吱呀呀"的绞车声中，前面的闸门轰然而开。

船老大开心地说："现在可以出闸了。"

"大船出闸！各船听令前行，依次出闸，不得冲撞！"陆闸官又高声喊道。

在闸官的组织下，一艘艘大船有条不紊地开出了船闸。

船老大把船开出了船闸，回头挥挥手向陆闸官告别。

陆闸官微微点头，然后下令："各船均已通过，关前闸！"

说罢，刚才打开的闸门便又关闭起来。

壮壮心想，原来古时候运河上的船是这样过船闸的，太神奇了！

这时，船老大问道："现在你知道船闸打开后为什么不会让高处的水流走了吗？"

壮壮想了想说："我大概知道了。因为设置了两道闸门，依次开合，用斗门控制闸室的水面高度。这样就能让船从低水位的河道上升到高水位的河道，高处的水也不会大量流失。"

船老大笑着夸奖他："你真是善于观察的孩子！"

"这么神奇的水闸是谁建造的呢？是陆闸官吗？"壮壮好奇地问。

"哈哈哈哈！"船老大一阵大笑，"怎么可能啊！陆闸官只是负责船闸的管理。其实啊，这个奔牛闸早在南朝齐、梁时代就已经建

吴越篇　神秘旅程遇奇迹　壮壮穿越游运河

造了。当时因为此处的地势东南低、北面高，原来的奔牛堰不能满足蓄洪、泄水、行船的任务，于是建造奔牛闸。自建闸以来，隋、唐、五代经过了很多次修缮，才有了现在交通的便利呢！"

壮壮高兴地说："船老大，你太有学问了，真让人刮目相看呢！"

"哈哈，过奖过奖！咱大宋子民爱风雅，谁还没读过几本书呢。倒是你们小娃娃，一定要好好学，长大了做个状元郎啊！"船老大高兴地说着，和壮壮一起笑了起来。

奔牛闸后来怎么样了？

隋唐大运河开通后，大运河河运繁忙，人们对奔牛闸养护不够，再加上唐代时人们围湖造田，大量引水灌溉农田，使得流到奔牛闸这段运河的水变少，运河河道甚至经常干涸。

运河没了水，奔牛闸也就形同虚设了。北宋元祐时期（1086—1094），苏东坡去杭州时路过此地，看到因无水而废弃的奔牛闸，就曾提笔写下"东来六月井无水，仰看古堰横奔牛"的诗句。

在南宋嘉泰二年（1202），陆游的外甥赵善防在常州为官，曾主持重修奔牛闸。修好后，他请陆游写了一篇《重修奔牛闸记》，详细记录了这次修闸的过程。

奔牛闸就这样屡废屡建，历史上曾重修了15次。直到清末，因为水源不足、运道转换、漕运改海运、收粮改收钱等原因，奔牛闸才慢慢淡出了人们的视野。

奔牛闸中的上闸天井闸早在1949年前就已经不存在了，下闸天禧闸在1958年疏浚河道的工程中被拆除。

至此，运河上再无奔牛闸的踪迹，后人只能在古人留下的诗篇中去品味它曾经的辉煌历史。

代替古船闸的是更先进的现代船闸。大运河上的现代船闸像它们的祖先一样，也在河运中发挥着巨大作用。

【淮扬篇】

水利科技人文史
漕运制度运河情

第一章　镇江

运河上的送别是什么滋味？

芙蓉楼送辛渐

唐·王昌龄

寒雨连江夜入吴，平明送客楚山孤。

洛阳亲友如相问，一片冰心在玉壶。

今天，壮壮和壮游大运河的伙伴们一起来到江苏镇江研学。他们参观了镇江段的大运河、西津渡、镇江博物馆、京口闸遗址、金山寺等地方，学到了很多知识。

现在，他们来到了芙蓉楼下，看着楼下的江水，吟诵起唐代诗人王昌龄的名作《芙蓉楼送辛渐》。

想象着千年以前，诗人王昌龄与朋友在此处运河上的那场离别，壮壮有点疑惑："一片冰心在玉壶"究竟代表着诗人什么样的情感呢？

壮壮心想："不如穿越时空去探索一下吧。"于是他按下时空穿梭眼镜上的按钮，念出时空穿越的口令："壮游大运河，神奇大揭秘。穿越！"

一道白光飞快闪过，壮壮带着心中的疑惑穿越时空，来到了江苏镇江的芙蓉楼上。

此时正是一个夜雨初晴的早晨，连夜的寒雨让楼下的江水多了几分秋色，清晨初晴的天色映得江水一片明净。

楼上有两人凭栏眺望，正是王昌龄和朋友辛渐。

王昌龄看着楼外清明的天色，对辛渐说："辛兄此次回洛阳，应是前程锦绣，大有可为。但官场险恶，害人之心不可有，防人之心不可无啊。这几年在外为官，想必你能更明白百姓的疾苦、人世的沧桑。这天下正道，还需我等担当啊！"

辛渐闻言，举手作揖，对王昌龄说："王兄所言甚是。很多人身居庙堂之高，却只为自己的权力谋划，早已忘却了为民为国的初心。我们身处江湖之远，却得以深入民间，了解百姓的疾苦，清楚国家的忧患。此次回京，我必为民请命，为国除奸，不负天下正道！"

王昌龄听了哈哈大笑："如此才是我大唐好男儿！"

"王兄才华绝代，人称七绝圣手。相信不日也会被召回京师，我在洛阳等你。"辛渐说道。

王昌龄微笑着挥挥手说："些许虚名，不足挂齿。如能回京，你我自然同心共勉，为国为民干一番事业。"

"好！我们击掌为誓！"辛渐提议，说罢举起右手。

王昌龄也笑着举起右手与辛渐击掌为誓。

击掌之后，二人相视一眼，哈哈大笑。

二人下楼，走到江边。辛渐问王昌龄："我就要走了，王兄可有书信要我带给洛阳的亲友吗？"

淮扬篇　水利科技人文史　漕运制度运河情

芙蓉楼送辛渐

王昌龄听了,哈哈一笑:"那就托兄台将这首诗,带给洛阳的朋友们吧!"

说罢王昌龄拍着栏杆,吟出《芙蓉楼送辛渐》一诗。

辛渐听了,不由鼓掌赞叹:"好一个'一片冰心在玉壶'!王兄清白如冰、温润如玉、虚怀若壶,正如鲍照《白头吟》中所说:'直如朱丝绳,清如玉壶冰。'岂是那些蝇营狗苟之辈可比的。我一定将这首诗带到洛阳!"

王昌龄哈哈一笑,从旁边的柳树上折下一段柳枝送给辛渐,挥手作别:"兄台此去,渡过长江,沿运河北上,不日可达洛阳。祝君一路顺风!"

辛渐也挥手道别："王兄多多珍重！你我后会有期！"说罢上船远去。

时光融入长江水，一去千年，王昌龄与辛渐都已成为历史中的人物。沧海桑田，他们曾经道别的芙蓉楼早已不是原来的模样，唯有不尽的长江水、运河水仍然在日夜奔流。

2022年2月20日，北京冬奥会圆满落幕。闭幕式上在《送别》的歌声中，中国人民以声、光、电等多媒体技术结合的方式，复原了历史上"折柳送别"的传统，以"折柳寄情"的音乐、舞蹈欢送来自世界各地的朋友。

第二章　扬州

连通大运河与长江的门户在哪里？

今天壮壮来到苏北运河进入长江的施桥船闸研学。

壮壮站在滔滔的江水边，看着来来往往的船只，想起了王安石的《泊船瓜洲》："京口瓜洲一水间，钟山只隔数重山。春风又绿江南岸，明月何时照我还。"

在古代，扬州的瓜洲闸是船只在长江与大运河间往来的必经之处。而现在，施桥闸替代了瓜洲闸，成为无数船只在运河和长江之间来往的门户。

那么瓜洲闸和施桥闸这古今两个大运河门户有什么不同呢？

带着心中的疑惑，壮壮按下了时空穿梭眼镜的按钮，念起了穿越的口令："壮游大运河，神奇大揭秘。穿越！"

昔日的瓜洲古渡是什么样的呢？

一道白光中，壮壮穿越时空，来到了古代的瓜洲。

壮壮先穿越到了约1700年前的晋代。他惊讶地发现，此时的

壮游大运河

繁忙的瓜洲古渡

瓜洲只是长江中泥沙沉积形成的一个沙洲，因为样子像瓜，被人们称为瓜洲。随着泥沙的沉积，瓜洲越来越大，逐渐成为一个小岛，被称作瓜埠。一些渔民陆续在这里定居，岛上逐渐形成了渔村和集镇。

后来瓜洲的泥沙淤积越来越多，到了唐代中期的时候，这里已经与长江北岸的陆地连在一起了。开元二十五年（737），润州刺史齐浣开凿了25里的伊娄河，从扬子津南到瓜洲，连通了原有的运河和长江水路。

因为长江和大运河在此交叉的地理优势，两条水路的无数客商都要从这里经过，瓜洲从此就成为长江北岸的重要渡口、漕运和盐运要冲，并迅速发展为运河重镇。

此后宋、元、明、清历代，瓜洲都是大运河上最重要的渡口之一。清朝康熙、乾隆两位皇帝数次南巡的时候，都曾在瓜洲留驻。乾隆还在锦春园的行宫中题诗，题诗的御碑至今犹存。

繁忙的水路运输也给瓜洲带来了丰富的历史文化。

唐代鉴真东渡就曾从这里起航。

唐代大诗人白居易为这里留下了《长相思》的诗句："汴水流，泗水流，流到瓜洲古渡头。吴山点点愁。"

北宋宰相王安石也写下了《泊船瓜洲》的千古思乡名句："京口瓜洲一水间，钟山只隔数重山。春风又绿江南岸，明月何时照我还。"

南宋爱国诗人陆游《书愤》中的"楼船夜雪瓜洲渡，铁马秋风大散关"，又给瓜洲留下无限的家国情怀。

家喻户晓的民间故事《杜十娘怒沉百宝箱》，则为瓜洲的文化元素注入了极为可贵的人文精神。

随着时光的流逝，在清康熙年间瓜洲闸坍塌废毁，瓜洲古渡的水运功能逐渐被其他水运枢纽取代。

后来，瓜洲闸在1969年至1975年间进行了重建。重建后的瓜洲闸成为现代化的多功能水利枢纽，发挥着节制、船闸、排涝等功能。

而今人们又大力挖掘瓜洲闸的历史文化和运河文化，美化环境，大力开发旅游项目，先后修建了银岭塔、锦春园、"瓜洲古渡"碑、牌楼、沉箱亭、观潮亭等景点，并扩建了古渡宾馆、南苑餐厅等相关旅游服务设施。古老的瓜洲闸，成了集水利功能、历史遗迹展览、旅游、娱乐、研学等于一体的现代化场所。

什么样的现代船闸替代了瓜洲古渡？

替代古代船闸的是更先进的现代船闸。大运河上的现代船闸像它们的祖先一样，也在河运中发挥着巨大作用。

施桥船闸位于长江与大运河交汇处六圩河口的长江北岸，是京杭运河和长江之间往来的门户。

施桥船闸目前设有三座大型的现代化船闸：一号船闸从1961年建成后投入运行，二号船闸在1988年建成通航，三号船闸在2011年投入运行。

施桥船闸在运河航运上发挥着巨大的作用。2019年上半年施桥船闸有97次单日货运通过量超100万吨，2019年全年的货物吞吐量达到3.46亿吨，是同期长江三峡船闸货物吞吐量的2倍。

从整体来说，江苏段大运河全长为687千米，占京杭大运河全年通航里程的78%。其中航运最繁荣的苏北运河段，在2020年的货运量达到了5.3亿吨，约为京沪高速年货运量的8倍。

第三章　扬州

运河上的春江花月夜是什么样的？

春江潮水连海平，海上明月共潮生……

壮壮坐在扬州曲江公园的小桥边，吹着凉风，吟诵着这首传唱千古的名作《春江花月夜》。

看着静静的流水、弯弯的小桥，壮壮心想："这么优美的《春江花月夜》究竟是如何写出来的呢？不如穿越时空去探索一下吧。"于是他按下眼镜上的按钮，念出时空穿越的口令："壮游大运河，神奇大揭秘。穿越！"

一道明亮的白光中，壮壮带着对《春江花月夜》的美好想象，穿越到了约1300年前的初唐时期的扬州，成了诗人张若虚身边的一位小书童。

"张先生，我们要去哪儿啊？"看着往前疾走的张若虚，壮壮问道。

"常年在外，好不容易回趟扬州，不去曲江边赏月观潮，怎么行！"张若虚往前一指，"咱们去曲江！"

两人不一会儿就到了扬州南郊的曲江边（现扬州曲江公园）。此时夕阳西下，余晖落满江面，远处几只鸿雁在江心游荡，近处几艘小船泊在岸边。

张若虚雇了一叶扁舟，和壮壮到江上泛游。

泛舟江上，烟波浩渺，似乎远离了人间。须臾间江潮涌起，小舟在波浪间起伏不定。壮壮紧张地抓紧了船舷，生怕掉进水里。看到他的样子张若虚哈哈大笑。

忽然他手指远方，说："你看！"

壮壮望去，原来不知不觉中，夕阳已经隐去，月亮和潮水一同升起。

月亮的清辉洒满春江，洒满大地，洒满整个人世间。

远处的江水和天空似乎交融成了一体。远远的河岸、沙洲和开满春花的树林都已经看不清楚，好似笼上了一层迷雾，只有空中的月亮还是那样清晰。

看着这番情景，张若虚站起身来，立在船头遥望天空的明月。江上的清风吹起他的衣襟，飘飘然似乎要凌空飞去。

"酒来！"忽然张若虚高声说道。

壮壮连忙拿过酒壶，给他斟了一杯。

张若虚接过酒杯一饮而尽，口中吟道：

春江潮水连海平，海上明月共潮生。
滟滟随波千万里，何处春江无月明！
江流宛转绕芳甸，月照花林皆似霰。
空里流霜不觉飞，汀上白沙看不见。
江天一色无纤尘，皎皎空中孤月轮。

淮扬篇　　水利科技人文史　漕运制度运河情

春江花月夜

　　吟到此处，只见他将酒杯高高地抛出，似乎是要抛给大江，似乎是要抛给明月，又似乎是要抛给远方的某个人。

　　他一把夺过壮壮捧着的酒壶，高高举过头顶，任由酒水从壶口倾泻而下，带着月光一起落入自己的口中。

　　接着江面上又响起了他的声音：

　　　　江畔何人初见月？江月何年初照人？
　　　　人生代代无穷已，江月年年望相似。
　　　　不知江月待何人，但见长江送流水。
　　　　白云一片去悠悠，青枫浦上不胜愁。
　　　　谁家今夜扁舟子？何处相思明月楼？

张若虚又痛饮一口美酒，眼角泛起了一点晶莹的光。不知是酒辣到了他的喉咙，还是眼前的情景让他想起了离开家乡的日子里，那些日日夜夜的思念。只见他挥挥衣袖，又吟诵出了优美的诗句：

可怜楼上月徘徊，应照离人妆镜台。
玉户帘中卷不去，捣衣砧上拂还来。
此时相望不相闻，愿逐月华流照君。
鸿雁长飞光不度，鱼龙潜跃水成文。

江水奔流，淘尽千古风流人物，可却淘不尽离人心中那浓到化不开、沉到载不动、泛滥到逆流成河的思念。带着一点怅惘、一点期待，一丝无奈、一丝洒脱，张若虚低声吟道：

昨夜闲潭梦落花，可怜春半不还家。
江水流春去欲尽，江潭落月复西斜。
斜月沉沉藏海雾，碣石潇湘无限路。
不知乘月几人归，落月摇情满江树。

吟罢张若虚醉倒在扁舟之中。他枕着一江春水、披着一身月光，在泠泠的江水声、淡淡的落花香中静静睡去。

千年之后，清代文学家王闿运在《论唐诗诸家源流（答陈完夫问）》中评论说：张若虚《春江花月夜》用《西洲》格调，"孤篇横绝，竟为大家"。

后人还根据《春江花月夜》的意境创作了中国古典民乐的代表作——琵琶独奏曲《春江花月夜》。而从2016年开始的中央电视台文化类节目《中国诗词大会》，也以"春江花月夜"作为飞花令的主题，在全世界掀起了"诗词热"。

如今，《春江花月夜》已经成为家喻户晓、脍炙人口的经典诗篇。关于这首诗的诞生地，历来也有一些分歧，但大都认为是在扬州。其中，扬州文化研究所所长韦明铧认为，唐朝诗人张若虚是在扬州南郊的曲江边赏月观潮的时候，创作了这首诗，而诗中描写的就是唐代曲江一带的景色。

第四章　扬州

运河之畔的背影包含着怎样的情感？

这一天，壮壮来到扬州研学，他参观了扬州中国雕版印刷博物馆、朱自清纪念馆。在朱自清纪念馆，壮壮还看到了一组特殊的展品。

那是一组小朋友们创作的"父子背影"系列雕版印刷作品，其中包括《机场的背影》《肩膀上的世界》《上学的路上》《父之亲》《爸爸送我上学》等六幅作品。

可是，朱自清纪念馆中为什么会有这样一组小朋友们的雕版印刷作品呢？

不如穿越过去探索一下吧。于是壮壮按下了时空穿梭眼镜的按钮，念起了穿越的口令："壮游大运河，神奇大揭秘。穿越！"

父子壮游大运河：背影中包含着什么样的感情？

在扬州古运河的潺潺水声中，壮壮来到了2018年父子壮游大运河的旅程中。

淮扬篇　水利科技人文史　漕运制度运河情

背影

　　来自世界各地的六对父子相聚在中国大运河畔,他们要沿着运河,访问各个大运河遗产点,参观各地博物馆,游遍运河上的各大城市,在旅途中发现自我、发现运河、发现中国,使亲子关系和谐,开展一次父子壮游大运河的研学之旅。

　　这时,大家接到一个神秘的任务:画一幅自己和爸爸告别时的背影。

　　接到任务的壮壮拿起画笔,心中却想起朱自清的《背影》:

　　　　我与父亲不相见已二年余了,我最不能忘记的是他的背影。那年冬天,祖母死了,父亲的差使也交卸了,正是祸不单行的日子。我从北京到徐州,打算跟着父亲奔丧回家。到徐州见着父亲,看见满院狼藉的东西,又想起祖母,不禁簌簌地流下眼泪。父亲说:"事已如此,不必难过,好在天无绝人之路!"……

壮壮想着朱自清的《背影》,又想起父亲背着自己上幼儿园、骑车送自己上小学、开车送自己去外婆家等场景,想着父亲那宽厚的肩膀、有力的大手,心中暖暖的,鼻子酸酸的。

不一会儿小朋友们都画好了自己父亲的"背影",壮壮看着大家的作品,心想:"虽然每个人画的背影都不一样,但每个父亲的背影都和朱自清父亲的背影一样,饱含着父爱吧。"

雕版上的背影:是谁把背影制作成了雕版印刷作品?

父子壮游大运河的随队老师们把大家的作品都收走了。他们究竟要做什么呢?

当壮壮和大家一起来到扬州中国雕版印刷博物馆研学的时候,找到了答案。

原来他们请中国雕版印刷博物馆的大师们将小朋友们创作的"父子背影"用古老的雕版技术一笔笔刻成了雕版。

雕版印刷发明于唐朝,是我国古代的重要发明。人们在质地细密坚实的枣木、梨木等木板上,用刀雕刻出凸出的反字。雕好后,用刷子蘸墨,刷在雕版的字迹上,再把白纸盖在板上,然后用干净的刷子在纸背上轻刷,最后把纸揭下来,一页书就印好了。

扬州是中国雕版印刷术的发源地之一,是国内唯一保存全套雕

淮扬篇　水利科技人文史　漕运制度运河情

版印刷工艺的城市。扬州中国雕版印刷博物馆就是集中展示雕版印刷文化的博物馆。

这次中国雕版印刷博物馆的大师——江苏省非物质文化遗产代表性传承人、中国当代雕版活字专业写样师芮名扬老师接待了参加壮游大运河研学活动的小朋友们。

他不仅帮小朋友们把他们的画制作成了雕版，还细心地为他们讲解了雕版印刷的发展历史、工艺流程、操作方法。在雕版印刷体验馆中，芮老师和孩子们席地而坐，分享着雕版印刷和古代信息传播的文化。他讲得浅显易懂，就连几个年龄很小的孩子都听得十分入神。

芮老师讲解后，还让小朋友们现场体验了一番雕版印刷的过程。他手把手地教孩子们怎么刷墨，怎么覆纸，怎么刷纸，怎么揭纸……

就这样，孩子们用自己的小手，使用千年以前的雕版工艺，把蕴含浓浓父子亲情的"背影"印刷了出来。

这一幅幅孩子们自己亲手画出、亲手印制的"背影"，带着朱自清笔下那种最经典的父子温情色彩，承载着壮游父子们的独家记忆，被精心装裱了起来。

当《背影》遇见"背影"：一场跨越时空的父爱对话

开心的孩子们，印刷出了一张又一张自己创作的雕版印刷作品。

印这么多做什么呢？有人说要送给爸爸，有人说要送给妈妈，有人说要送给老师，有人说要送给朋友。

这时一个神秘人物走了过来,他向每个小朋友索取了一幅作品。他是谁?他要这些作品做什么呢?

原来他是朱自清纪念馆的韩馆长。

接下来,韩馆长带着壮游大运河的六对父子来到了朱自清故居。韩馆长和大家一起缅怀朱自清先生。他为孩子们介绍了朱自清先生"宁可饿死,也不领美国的救济粮"的高贵气节和民族精神。

他还给大家讲了许多《背影》这篇文章背后朱自清父子间那些不为人知的故事。原来朱自清也曾和父亲闹过矛盾,后来他逐渐明白了父亲骨子里对自己的爱,也明白了自己对父亲那割舍不了的情感。所以他写下了这篇《背影》,化解了之前的矛盾,修复了父子之间血浓于水的情感。

听着馆长的讲解,看着这里的青砖和黛瓦,壮壮遥想百年前朱自清先生在这里生活的情形,想着朱自清和他父亲之间因为观念不一致产生的矛盾,想着他们最终的和解,又想起平时自己和父亲的一些争执,想起自己对父亲的埋怨,想起自己受过的那些"委屈"。忽然,壮壮觉得这些都不算什么了。

这时,韩馆长告诉六对父子,他们亲手印刷的父子背影作品,将被朱自清纪念馆收藏。接着,韩馆长亲自接收作品,并给父子们颁发了收藏证书。

原来小朋友们的作品是这样被收藏到纪念馆的啊。壮壮终于找到了答案。

这些小朋友们的"父子背影"雕版印刷作品静静地放在展厅中,与朱自清先生的《背影》形成了一场跨越时空的对话。这场对话的主题名为:父爱。

淮扬篇　水利科技人文史　漕运制度运河情

美食与父爱的相遇：为什么扬州炒饭那么美味？

父爱就像朱自清《背影》中的文字那样，平淡中含着最深、最重的情感。这种父爱的味道，也恰似一道淮扬美食。

此时，壮壮和六对壮游父子来到扬州大学烹饪与营养系的国家级实验室，他们正在尝试制作一道淮扬美食：扬州炒饭。

发源于扬州、淮安的淮扬菜是中国传统四大菜系之一。淮扬菜注重食材本身的味道与色泽，和、精、清、新，雅俗共赏。扬州大学烹饪与营养系，是我国最早开办的烹饪高等教育专业，在我国烹饪高等教育发展历程中具有划时代的意义。

扬州大学旅游烹饪学院烹饪与营养系主任、中国烹饪大师孟祥忍博士先给大家讲解了中华美食文化、扬州美食特色，又请两位大厨现场演示如何做扬州炒饭，接下来父子们要共同掌勺，亲手完成一份扬州炒饭的制作。

平时在家妈妈做饭比较多，孩子和爸爸上手炒菜的机会比较少，这回终于可以一展身手了。只见各组父子一起择菜、洗菜、切菜，忙得不亦乐乎。

这时壮壮正要切胡萝卜。他信心满满地拿起刀就切，可是切出来的胡萝卜丁有的像硬币，有的像黄豆，有的像豆芽，大的、小的、长的、短的，什么样的都有。

看着案板上乱七八糟的"萝卜丁"，壮壮心想："哎呀！平时看着妈妈切菜很容易的样子，自己做起来才知道原来切菜也这么难啊！以后可得多向妈妈学习，多分担一些家务了。"

没多久大家都切好了菜，接下来就是炒饭了。

壮壮要和爸爸一起炒饭。爸爸力气大，负责翻炒；壮壮力气小,负责把各种配料、调料递给爸爸。他们配合起来还真是默契呢!

终于,饭炒好啦。下面就是品尝美食的时刻了。

大家把每份"作品"都尝了,结果都说自己爸爸炒的最好吃。孩子们吃着自己和爸爸亲手炒的饭,别提多满足了,一个个恨不得把盘子都舔干净呢。

为什么普通的炒饭会这么美味呢?壮游大运河的父子们都知道,那是因为这份扬州炒饭里面不只有美味的食材,还有着浓浓的父子情呢!

第五章　扬州

夫差为什么要挖运河？

阳光下的扬州古运河静静地流淌着，从白天流到黑夜，又从黑夜流到白天。她滋润了沿河的杨柳，承载了运河上的一艘艘货船，养育了两岸无数的人。

这一天，壮壮来到扬州古运河研学，他一路参观了东关古渡、何园、文峰塔、运河三湾风景区、扬州中国大运河博物馆等地。

现在，喜欢思考的壮壮正坐在运河边的柳树下，看着河水发呆呢。他在想："这么长的大运河，究竟是谁最先开始挖的呢？他为什么要挖运河呢？"

壮壮心想："不如穿越到古代去一探究竟吧！"于是，他按下了时空穿梭眼镜的按钮，念起了穿越的口令："壮游大运河，神奇大揭秘。穿越！"

成也运河：夫差为什么要挖运河？

大运河的淙淙水声中，壮壮伴随着一道白光，穿越到了约2500

年前的春秋末期。

这个时候，统治长江下游地区的是强大的吴国。吴王阖闾和他的儿子吴王夫差两代人，先后组织开凿了堰渎（胥溪）、胥浦、古江南河、百尺渎、邗沟、荷水六条河道。

壮壮很疑惑：他们为什么要耗费人力物力来开凿这些运河？这些运河与后来的京杭大运河又有什么关系呢？

于是，壮壮问阖闾："大王，我们为什么要开凿运河呢？这要耗费好多人力物力啊。"

阖闾大笑着说："有了运河，我们吴国的军队、粮草、兵器就可以飞快地运输到前线，到时候，什么楚国、越国、鲁国、齐国都会被我们打败。各国诸侯就会知道，我们吴国才是真正的霸主！"

原来，在春秋时期原本统治天下的周天子实力衰弱，各大诸侯国纷纷崛起争霸。位于长江下游的吴国也不甘示弱，两代吴王阖闾和夫差立下了"西征楚，南攻越，北伐齐"的雄心壮志。

公元前506年，吴国大将伍子胥为了解决吴王阖闾西征楚国的运粮问题开凿了堰渎。因为是伍子胥开凿，所以人们又称其为胥溪。胥溪开凿后连通了太湖和长江，让吴国的军队和粮草可以从姑苏城通过水路进入长江，为征伐楚国提供了很大便利。

后来吴国又组织开凿了胥浦、古江南河、百尺渎三条运河，来运输粮草、军队攻打越国。公元前496年，阖闾在与越国的战争中受伤而死。夫差继承父亲遗志，继续征伐越国，终于在公元前494年打败了越国。

打败越国之后，吴王夫差为了北伐齐国、鲁国，修建了邗城，又开凿了邗沟。邗沟连通了长江和淮河水系。吴国的军队和粮草通过邗沟、淮水、泗水、沂水就可以到达齐国、鲁国，运河在夫差的

淮扬篇　　水利科技人文史　　漕运制度运河情

夫差遣人挖邗沟

北伐中发挥了很大作用。

公元前484年，吴王夫差于艾陵之战中打败齐国，全歼十万齐军。公元前482年，夫差在黄池与晋国等中原诸侯会盟。

邗沟是京杭大运河中开凿最早的一段运河，可以说吴王夫差就是最先开凿大运河的人了。

吴王也许没有想到，他当初为了战争而开凿的邗沟，后来却经过不断发展成了最为繁忙的河道。在之后的2000多年里，这条河上，有的人去经商运货，有的人去赶考，有的人去做官，有的人去游山玩水。这条河还成了维持国家漕运的重要水道。在2014年6月22日，中国大运河获准列入世界遗产名录，成为中国第46个世界遗产项目。

春秋时期邗沟示意图

败也运河：勾践是如何灭掉吴国的？

看着吴国的阖闾和夫差一个比一个好战，壮壮很不开心。他想起南方的越国现在比较安宁，就想去那边看看。

让壮壮没有想到的是，他以为安宁的越国，正在谋划着灭亡吴国的计划。越王勾践要利用两代吴王征伐天下留下的运河，沿河而上，从背后给吴国致命的一击。

原来，越王勾践当年被吴国打败后，到了吴国向夫差表示臣服。夫差让勾践夫妇两人住在吴王阖闾大坟旁边的一间小石屋里，为阖闾守墓，又叫勾践做他的马夫，给他牵马、喂马。原来的越国

淮扬篇 水利科技人文史 漕运制度运河情

大臣范蠡也跟着做奴仆的工作。

这种情况下，越王勾践忍辱负重，处处对夫差表现出臣服、归顺的样子。两年后夫差认为勾践真心归顺了他，就放勾践回到越国。

勾践回国后，卧薪尝胆，时刻不忘在吴国受到的屈辱。他的卧室里没有华丽的床榻被褥，只放了干枯的稻草。勾践就睡在稻草上，提醒自己牢记失败的教训，不能贪图安乐。他还在自己的饭桌上方挂了一只苦胆，每次吃饭都要先尝一尝，用苦胆的苦味来提醒自己不能忘了在吴国受的苦。他身上穿的是粗布的衣裳，嘴里吃的是粗糙的饭食，他还跟百姓一起下地耕作。勾践的夫人也带领着妇女养蚕织布，努力发展生产。就这样，勾践夫妻卧薪尝胆，与百姓们同甘共苦，全国人民齐心协力，奋发图强，想要一雪前耻。

勾践还出台了一系列的政策，鼓励人民生育，发展生产，提升军队的战斗力，慢慢积累起可以抗衡吴国的巨大力量。

勾践还采用大臣的建议：用金银珠宝贿赂吴王夫差，让夫差麻痹大意；出高价大量收购吴国的粮食，使吴国的粮库变得空虚；又赠送木料，让夫差兴建宫殿来耗费吴国的人力物力；还散布谣言，离间吴国君臣，让夫差杀害了吴国大将军伍子胥；还施用美人计，把西施献给夫差，让夫差沉迷享乐，不问政事。

公元前482年，吴王夫差率领吴国大部分军队前往北方的黄池与齐、鲁、晋等国诸侯会盟，造成了吴国国内兵力空虚的状况。越王勾践趁机率领越国军队，沿着当初吴王伐越开凿的运河一路北上，乘虚攻破了吴国，并杀死了吴国的太子。

吴王夫差紧急回国，向越国求和。在公元前476年，越王勾践再次伐吴，并最终在公元前473年，灭亡了吴国。

时光荏苒，眨眼数千年，昔日叱咤风云的夫差、勾践都成了历史中的人物，而他们留下的运河被后人不断修建，变成了如今的浙东运河、江南运河、淮扬运河。这些运河共同组成了中国大运河的一部分，继续流淌在这片大地上，像一位慈爱的母亲，不断滋养着沿岸的人们。

　　如今，在当年吴王夫差挖掘邗沟，铲下第一锹的运河原点城市扬州，已经建立了中国大运河博物馆，记录和展示着大运河的历史。

第六章　扬州

九牛二虎一只鸡有什么奥秘？

这一天，微风习习，阳光明媚，壮壮来到扬州邵伯古镇参加大运河研学活动。

在这里，壮壮找到了明清运河古道、邵伯码头、邵伯古堤等位列世界遗产保护名录的大运河遗产点。在邵伯运河生态公园内，壮壮还发现了一组"镇水神兽"。

这些神兽雕像静静地趴在运河边的堤岸上，光滑的身体在阳光下闪闪发光。壮壮走近观察，还细心地数了数，原来它们分别是九头铁牛、两只壁虎［其实是传说中的神兽，名叫蚣蝮（gōngfù）］和一只雄鸡。这些雕像形象各异，憨态可掬，壮壮摸摸这个，摸摸那个，心里喜欢极了。

壮壮知道"九牛二虎之力"这个成语的意思是"很大的力气"。可是，运河边上为什么要放九牛二虎一只鸡呢？壮壮不由得思索。

壮壮心想："不如穿越到古代去一探究竟吧。"于是他按下时空穿梭眼镜的按钮，念起了穿越的口令："壮游大运河，神奇大揭秘。穿越！"

壮游大运河

镇水神兽

康熙命谁来治理河道呢？

带着对九牛二虎一只鸡的疑惑，壮壮在一道白光中，穿越到了300多年前的清朝康熙年间，成了漕河总督张鹏翮（hé）的小助手。

张鹏翮为官清廉、公正无私、生活俭朴，并且很有才能，他为官多年，造福四方，做出了很多成绩，连康熙都夸奖他是"天下第一等人"。

康熙年间黄河曾多次泛滥，对沿岸田地、运河等造成了很大破坏。1700年（康熙三十九年），黄河又一次泛滥。因为当时黄河夺淮入海，走的是淮河的水道，这样就连带着淮河以及大运河都受到影响。危难之际，康熙皇帝任命张鹏翮为河道总督，负责治理黄河。

淮扬篇　水利科技人文史　漕运制度运河情

张鹏翮怎样来治理河道呢？

张总督问壮壮："这次水患很严重，你看该怎么治理？"

壮壮想了想回答说："张大人，黄河问题由来已久，像潘季驯、靳辅等人都曾经治理过黄河，我们是不是可以学习他们的方法呢？"

张总督点点头说："我们当然要学习前人治理河道的成功经验啊！"

"那您知道他们都是怎么治理黄河的吗？"壮壮追问道。

"明朝万历年间，潘季驯曾综合治理黄河、淮河和大运河，提出了'束水攻沙，蓄清刷黄，济运保漕'的治理策略。"张鹏翮说，"本朝靳辅、董安国等人治河也基本依照这个方略。我们可以沿用这个办法。"

壮壮担心地说："现在的黄河、淮河、大运河与明朝的时候肯定不一样了，我们沿用之前的办法会出问题吗？"

张总督笑着摇摇头说："我们沿用的是治河理念，可具体的工程实施就要因地制宜，不能照本宣科。我们要了解各处河道泥沙沉积、水流、水速、决口位置等实际情况，才能制订合理的计划去治理河道。"

要想治理河道先要做什么呢？

"所以我们现在首先要做的就是考察各处河道的具体情况，对不对？"壮壮觉得一定是这样。

可是张总督又摇了摇头说："就我们两人去考察可远远不够。

我们需要组织一批懂水利的人，才能完成考察的任务。你能帮我完成这个任务吗？"

"好！"壮壮爽快地接下了帮助张鹏翮寻找水利人才的任务。

接下来的几天，壮壮和张鹏翮明察暗访，找到了很多懂水利的人，也知道了河道衙门里有哪些人是走后门进来的，没有真本事的。

于是，张鹏翮裁撤了衙门里一些不合格的官员，重用真正懂水利的人，打造出了一个优秀的治水团队。

为什么实地调查很重要？

"张大人，我们怎样去调查各地的河流情况呢？"壮壮问。

张鹏翮听了，反问壮壮："你认为我们做实地调查的目的是什么？"

壮壮："是了解各地河流现在的实际情况吗？"

"了解实际情况后再做什么呢？"张总督引导壮壮说。

"要根据河流的现状，找出治理河道的方法。"壮壮说。

"你说得很不错，不过漏了一点。"张总督补充说，"除了实地调查，我们还要走访各地的老人，查阅相关地图、文献，了解河流在这些年发生的变动，然后根据河流的变动情况，找出不同水道出问题的原因。找到原因才能有的放矢地治理河道，避免以后出现类似的问题。"

"张大人说得对！我们找到不同河段出问题的原因，才能把河道治理好。"壮壮佩服地说。

接着，张鹏翮带领团队，广泛地考察黄河、淮河、大运河等河

淮扬篇　水利科技人文史　漕运制度运河情

道的情况，对照历代地图研究河道的变迁，深入现场，实地调查各地的地理形势，找出了各条水道出现问题的原因。

张鹏翮向康熙皇帝提出了什么样的治河方案？

在实地调查的基础上，张鹏翮向康熙皇帝提交了一个治河方案。

在方案中他提出了"开海口，塞六坝"的治河方略；再继承和发展前人的治河理念，提出了"筑堤束水，借水攻沙，借黄以济运，借淮以刷黄"的规划，用提高河水流速的办法来减少泥沙的沉积。

看到这个治河方案，康熙皇帝十分高兴，觉得如此治河一定能把黄河、淮河、大运河都治理好，于是很快就批准了这个方案，让张鹏翮依照方案去治理河道。

"张大人，治水工程很大，我们要先做什么，后做什么呢？"壮壮好奇地问。

"是啊，这次治水工程浩大。我们要先疏通黄河水道，再依次修建各个河段的堤坝等水利设施，一步步来做，不能急于求成。"说着，张总督指着地图，满怀信心地给壮壮讲解了自己治河的安排。

此后的八年间，张鹏翮奔波在黄河、淮河、大运河沿岸，主持各项工程的实施。

张鹏翮按照方案征集了数十万民工，先疏通了黄河、淮河出海口的淤塞，让河水顺利入海。

然后，张鹏翮又带人疏通了清口水利枢纽的淮河出水口，让淮河水可以顺畅地流出；他还加修了高堰，堵塞了原来的六座堰坝，用以蓄积淮河的清水冲刷黄河带来的泥沙。

之后，他又在陶庄开凿了引河，用以防止黄河水倒灌。他还在一些河堤上建造了挑坝（从岸边伸到河里的拦水坝），增强河堤抵抗水流冲刷的能力，让河堤更坚固，降低了决堤的风险。

张鹏翮治河成功了吗？

就这样，张鹏翮采取了许多措施来治理河道，前后用了八年时间。八年后，黄河、淮河得到了良好的治理，大运河的漕运也变得很通畅，大河两岸连年丰收，人民安居乐业。

康熙还高兴地写下了《河臣箴》《黄淮告成诗》赠给张鹏翮，以示嘉奖。

究竟是谁造了九牛二虎一鸡的镇水神兽？

在当初治理河道的时候，张鹏翮曾上奏康熙皇帝，申请铸造镇水神兽放在运河边作为观测水位的标志，同时也寓意祈福纳祥、镇压水患。

康熙批准后，张鹏翮就派人造了九牛二虎一鸡共十二尊神兽，将它们安放在淮河至长江之间运河水势险要的河段。

据运河边的老人解释，这九牛二虎一鸡可是有讲究的。

"九牛"是九头水牛。水牛力气大，能耕田，吃苦耐劳，还会游泳，作为家畜又和人很亲近，所以用它们来镇水。之所以用九头，是因为我们传统文化中九是最大的阳数，代表着一种穷极的力量。

淮扬篇　水利科技人文史　漕运制度运河情

而"二虎"的虎，其实不是老虎，也不是壁虎，而是古代传说中的神兽蚣蝮。传说蚣蝮是龙生九子中的一个，它生性好水，又名避水兽，所以人们会用蚣蝮来镇水。也有人说，人们是怕水牛偷懒，于是让两个虎（蚣蝮）来监督它们。

最后的"一只鸡"则是因为虎（蚣蝮）有时贪睡，要有一只鸡来叫醒它们。

神兽一共有十二尊，也对应着传统的十二地支以及一年中的十二个月。

九牛二虎一鸡分散在大运河上，其中有一只鸡、两只虎和三头牛安放在了扬州境内。邵伯镇北的嵇家闸闸壁有一只鸡；广陵湾头镇的壁虎坝有两只石虎（蚣蝮）；此外，在高邮、邵伯和瓜洲三处分别有一头铁牛。后来，邵伯的那只鸡，因为水利工程改造而消失了；邵伯铁牛已经成为文物，被保护起来；两只虎也各有破损；瓜洲的铁牛已经随着当时的堤岸坍塌沉没到江水中了。

其实，历史上除了张鹏翮之外，还有很多人在治河、治运的过程中铸造铁牛、蚣蝮、铁狮子等镇水神兽。这些神兽矗立在运河边，为我们讲述着中华民族人水共生的历史。

时至今日，这些神兽历尽沧桑，已经不全。邵伯运河生态公园内，后人修建的镇水神兽又重新守护在运河边，为人们祈福纳祥。

第七章 淮安
大运河怎么穿过黄河、淮河？

壮壮沿着大运河一路北上，从长江来到了淮河。这一天，他到了江苏淮安。在这里他参观了中国漕运博物馆，还去了著名的清口水利枢纽。

在这里，淮河水与运河水融汇为一，在一条条错综复杂的河道中流淌，绕过一座座堤坝，淌过一座座水闸，在时空中奏响了一曲流传千年的音乐。

看着眼前的遗址，壮壮的思绪飞到了数百年前。那个时候，这里的河水可不像现在这么平静啊！

在1194年至1855年间，黄河夺淮，奔腾的黄河水泛滥南下，最终从淮河的河道中流入大海。当时，黄河携带着泥沙自北方滚滚南下，淮河从西边向东流过来，大运河由南向北挺进，三者在淮安清口相遇，形成了极为复杂的水系格局。

想想当时的情景，看看眼前的遗址，壮壮心中泛起无数疑问。在这样复杂的水文环境下，数百年前的古人到底是怎样让大运河穿过黄河、淮河的呢？

淮扬篇　水利科技人文史　漕运制度运河情

不如到古代去一探究竟吧！于是壮壮按下了时空穿梭眼镜的按钮，念起了穿越的口令："壮游大运河，神奇大揭秘。穿越！"

谁能帮明神宗治理河道？

乘着一道白光，带着一点眩晕，怀着对清口水利枢纽的疑惑，壮壮穿越到了400多年前的明朝万历年间。

其实在明朝以前，淮安清口一带已经建设了一部分水利工程，如高家堰、南运口等。这些设施在黄河的洪水冲击、泥沙淤塞等影响下不断被破坏，又不断改建、不断完善，尽力维系着大运河的运行，但一直没有形成比较完备的体系。

这个难题可不是谁都能解决的。当时的万历皇帝明神宗朱翊钧也为此发愁。

他看着地图自言自语："文武百官，多是死脑筋的学究，治理河道可不是他们能办到的啊！到底有谁可以担此重任呢？"

穿越而来的壮壮恰好听到明神宗的话，他想起历史上对潘季驯治河的描述，于是就提醒明神宗："潘季驯曾多次总理河道事务，做出了很多成绩，也许他可以承担。"

明神宗听了，欣喜地说："不错，他一定能做好的。那我就封他为河道总督，总理河务。也封你为'河道小总督'，帮他一起治理河道吧！"

潘季驯发现了哪些河道问题？

1578年，明朝著名水利专家潘季驯受命出任河道总督，主持对

壮游大运河

潘季驯治河

黄河、淮河、大运河的治理工作。

穿越过来的壮壮也成了"河道小总督",和潘季驯一起去治理河道。

他们带着治水的官员和工人,一起来到了淮安清口。看着滔滔河水,潘季驯问壮壮:"你觉得这里的河道为什么难以治理呢?"

壮壮看着眼前交汇在一起的三条水流,说:"我想,首先是黄河、淮河、大运河三条河交汇在一起,互相影响,不好治理。"

潘总督赞许地点点头:"还有呢?"

看着岸边黄河冲来的泥沙,壮壮接着说:"还有就是黄河带来了很多泥沙,会逐渐堵塞我们建造的工程设施,也会流到运河里,让运河的河道形成淤塞。"

淮扬篇　　水利科技人文史　　漕运制度运河情

"很不错，这一点很关键。还有别的原因吗？接着说一说！"潘总督鼓励他。

"此外，汛期的时候黄河、淮河带来的洪水会破坏河堤、水坝等水利设施。"壮壮补充说。

"不错，你说的很有道理！"潘总督有点惊讶地看着壮壮：这个孩子竟然对清口的水环境有这么深入的理解！

"那我们怎么做才能解决这几个问题呢？"壮壮问。

潘季驯提出了什么样的治河方略？

潘总督看看运河，又看看黄河，说："南方各地百姓缴纳的粮食，都要通过运河送到京城，这就是漕运。这漕运可是国家的根本。此处黄河、淮河、运河交汇，三者的治理都不能单独进行，而是要将它们视为一个整体，进行综合治理。"

接着，潘季驯向壮壮和随行的治水官员、工人阐述了他治理河道的规划思想："通漕于河，则治河即以治漕；会河于淮，则治淮即以治河；合河淮而通入海，则治河淮即以治海。"潘季驯这段话的大概意思就是，要将黄、淮、运视为一个整体来对待，既要看到三者各自的特点，也要看到三者之间的相互影响和联系。

"那我们究竟要用什么方法来治理呢？怎么才能让运河顺利地穿过黄河、淮河呢？"壮壮问出了他心中最大的疑惑。

潘季驯坚定地说出了他的规划："总体来说就是束水攻沙，蓄清刷黄，济运保漕。"

接着他补充说："我们治理河道的根本目标是济运保漕，就是维护好大运河，确保漕运的畅通。要达到这个目标，就要先给黄河

'瘦身'，在黄河两边修建堤坝，把泛滥的黄河水约束在堤坝中间。这样河道窄了，水就会流得更快，可以减少泥沙的沉积，这就是束水攻沙。然后再蓄积淮河的清水来冲刷黄河带来的泥沙，这就是蓄清刷黄。"

潘季驯指了指面前的河道说："蓄清刷黄的任务需要我们在清口这里完成。我们要加固东边的高家堰，让淮河水不再往东流失；然后在北面修建堤坝，让淮河水也不能向北流泄，只能乖乖地从清口这里流出。这样就能积蓄淮河的清水来冲刷黄河的泥沙了。"

"哇！太妙了！这样就能减少黄河泥沙对大运河的影响了。"壮壮由衷地赞叹。

其实，潘季驯加固、加高的高家堰就是我们现在所说的洪泽湖大堤。

洪泽湖大堤北起淮阴区的码头镇，南到洪泽区的蒋坝镇，纵贯南北，阻断了淮河，让淮河水不能东流入海，只能蓄积在大堤西部地区。

洪泽湖开始的时候并没有现在这么大，只是淮河中下游的一串浅水小湖群，古时称为富陵湖。后来黄河夺淮，淮河水没有了入海的通道，逐渐汇聚，湖面变大。再后来，人们为了方便运河漕运，修建高家堰（洪泽湖大堤），让淮河水进一步蓄积，洪泽湖就变得更大了。

在洪泽湖大堤的影响下，逐渐蓄积的湖水逐渐把原来的一串小湖，变成了巨大的洪泽湖。

洪泽湖大堤结构科学，工艺精细，体现了中国古代高超的水利工程技艺，是古人综合治理黄河、淮河、运河的系统工程之一。

2006年5月25日，洪泽湖大堤成为我国第六批全国重点文物保护单位之一。

2014年中国大运河申遗成功，洪泽湖大堤也成为大运河世界文化遗产点之一。

潘季驯治理成功了吗？

1579年，潘季驯按照他提出的河道治理规划，在黄河两岸修筑完成了从徐州至淮安长达600多里的堤坝，即"遥堤"，完成了"束水攻沙"的工程，原本泛滥的黄河被固定在徐州至淮安一线。

同年，潘季驯以"蓄清刷黄"的方略，在淮安清口一带，扩建高家堰，将堰体增加到60余里，并加高加固，堵住了淮河水向东的出口；又建造王简堤、张福堤，来封住淮河水北泄的通道，让淮河水只能从清口流出。

潘季驯以合理的规划为指导，成功地完成了对黄河、淮河、大运河的综合治理，造福了沿岸无数百姓，也为后世留下了宝贵的水利技术和文化遗产。

后人如何评价清口水利枢纽？

400多年以后，申遗的文本《中国大运河》中，对清口水利枢纽做出了这样的评价："淮安清口枢纽体现人类农业文明时期东方水利水运工程技术的最高水平，其整体性尤为突出，河道闸坝、堤防、疏浚、维护、水文观测等工程共同组成运河大型水利枢纽，堪称人类水运水利技术整体的杰出范例。"

2014年，中国大运河被列入世界文化遗产名录。清口水利枢纽作为中国大运河上最具科技含量的枢纽工程之一，也被列入了世界文化遗产名录，成为中国大运河世界文化遗产区之一。

现在，淮安清口水利枢纽已经不再使用，人们建设了更为先进的淮安水上立交工程用于运河航运。

淮安水上立交工程位于淮安市淮安区城南的淮河入海水道上。人们在淮河水道之上建立了一座京杭大运河航运的航槽，让入海水道与京杭运河像立交桥一样上下分开。这个工程在2000年10月由水利部批准兴建。2002年5月31日，工程通过通航阶段验收，航槽开始充水，运河航运恢复通航。2003年，整个淮安枢纽工程竣工，成为亚洲规模最大的水上立交工程。2022年已在建设入海水道二期工程。

第八章　淮安

漕运总督都做些什么呢？

淮安漕运总督府（总督漕运部院）遗址门前蹲着两只高大威武的石狮子。灿烂的阳光照在石狮子身上，映衬得漕运总督府的大门越发威严大气。

这一天，壮壮来到淮安研学。他参观了漕运总督府遗址，参观了中国漕运博物馆。

看着漕运总督府的大门，壮壮有些好奇：漕运总督府为什么不设在当时的都城北京，也不设在扬州等运河边的其他城市，而是设在淮安呢？

壮壮想要穿越到古代去探索一下，于是他按下时空穿梭眼镜的按钮，念起了穿越的口令："壮游大运河，神奇大揭秘。穿越！"

一道白光闪过，壮壮从轻微的眩晕中醒来，穿越到了500多年前的明朝，成了漕运总督王竑（hóng）身边的小书童。

什么是漕运呢？

此时是明朝景泰二年（1451），明代宗朱祁钰任命王竑为漕运总督。壮壮和王竑一起乘船沿着京杭大运河南下，一路赶赴淮安。

"先生，什么是漕运啊？"壮壮听说王竑当上了漕运总督，有些不解地问。

王竑回答道："漕运嘛，简单说就是把南方各地产粮区生产的粮食，用运河运到北方缺粮的地方，以供人们食用。"

原来，漕运是指我国古代利用河运、海运来调运各地官府征收的赋税公粮的一种经济制度。

壮壮有些不解，又问道："漕运是现在才有的吗？"

"哈哈！当然不是啦！"王竑笑说，"其实漕运自古就有，在秦始皇北征匈奴的时候，就曾从山东沿海一带运送军粮到达北河，更早的时候还有春秋末期的吴王夫差开凿胥溪、邗沟等运河用于粮草和军队的运输，这些都是漕运的雏形呢！到了后来，隋炀帝开凿隋唐大运河，元朝开通京杭大运河，主要都是为了满足漕运的需求。"

历代都设立过哪些管理漕运的官职？

"那为什么以前没有听说过'漕运总督'这个官职呢？"壮壮不解地问。

"这个啊，就涉及历代的漕运管理制度了。"王竑耐心地为壮壮解释了一番。

原来，虽然漕运自古就有，但是在漕务管理上，最开始并没有设立专门的漕运官员，而是交给各地官府去完成这项任务。到了唐朝，朝廷才开始设专门的官员来管理漕运，但那时这个职位经常是由别的官员兼任的，真正专职负责漕运的官员很少。直到明代才设

淮扬篇　水利科技人文史　漕运制度运河情

立了漕运的专门机构和官员。

"最早的漕运使还是咱们大明的太祖皇帝设立的呢。"王竑说。

原来，明太祖朱元璋是穷苦百姓出身，深知粮食的重要。一次朝会上，他对群臣说："老百姓的吃饭问题可是一件大事，各地收上来的粮食要供给百官和军队使用，不能忽视。我要设立一个专门负责漕运的官职。大家看设个什么官合适啊？"

诸位大臣听了，有的人觉得沿用前朝制度就行，没有必要改动，有的人觉得要设立一个专门的机构来管理漕运。大家各抒己见，议论纷纷。

后来经过君臣商议，在1368年（洪武元年），明朝设置了专门负责漕运的漕运使。

"先生，为什么当时设立的是漕运使，现在却有了您担任的这个'漕运总督'的职位呢？"壮壮还是不明白，就问道。

"那是因为国家对漕运越来越重视啊。"王竑说，"其实在漕运总部设立之前，朝廷还设立了漕运总兵官来专门负责管理漕务。"

"那是在明成祖（朱棣）的时候。"王竑接着解释说，"当时朝廷要把首都从南京迁到北京，这样就需要把天下百姓缴纳的赋税粮草往北京集中。这就更要依赖漕运来运输粮食了。于是明成祖就在永乐二年（1404），设了漕运总兵官，专门负责管理漕务。"

"漕运总兵官听起来好像是管理军队的武官啊。"壮壮好像发现了什么秘密，激动地说，"先生，您当的漕运总督，好像是文官。是不是一文一武好配合啊？"

"哈哈，还真让你给说对了。"王竑笑着说，"漕运总兵官是武官，有时候和地方官府沟通不方便，再加上漕运的事务越来越多，一个漕运总兵官忙不过来了，朝廷就经常安排一些侍郎、都御史之

101

类的文职官员，临时来帮忙。直到今年，咱们皇上才决定设立漕运总督的官职。"

在景泰二年，明代宗朱祁钰正式任命王竑为漕运总督，常驻淮安。这样就形成了"文武二院"共同管理漕运的状态。

"那您和漕运总兵官谁的官大啊？"壮壮好奇地问，"怎么分工呢？"

"哈哈，都是为朝廷办事，没什么官大官小的，只是分工不同。"王竑笑着给壮壮解释说，"总督呢，是文臣，要负责与各省沟通，完成漕粮的征集；总兵官呢，是武将，要负责将征集好的漕粮押运到北京。这就是'文督催，武督运'。"

"原来是这样啊。我终于明白了。谢谢总督大人！"壮壮开心地谢过王总督。

漕运总兵官在哪儿开府建衙？

"可是，为什么咱们不在京城（北京）办公，而要去淮安呢？"不一会儿，壮壮又有了新问题，追着王竑问道。

王竑放下正在看的一本书，耐心说道："这个就要从漕运总兵官的开设历史、淮安的地理位置，以及漕运的治理需要说起了。"

原来，明朝的第一任漕运总兵官是平江伯陈瑄。他常年在运河各处奔波，居无定所，但他在淮安办公的时间比较长。因为淮安地处黄河、淮河、大运河的交汇之地，地理位置非常重要，陈瑄在这里修建了大量的水利工程，来确保漕运的安全。同时，淮安沟通南北，南来北往的船都要从这里路过，在这里管理漕运也很方便。

到了后来，在宣德二年（1427），为了更好地治理漕运，朝廷

淮扬篇　水利科技人文史　漕运制度运河情

就命漕运总兵官在淮安开府建衙。淮安由此就成了漕运最高负责人的办公所在地。

"陈瑄前辈总管漕运事务30年，完善了与漕运相关的许多管理制度，为我们后人管理漕运奠定了良好的基础。"王竑由衷地赞叹道。

漕运总督究竟管什么？

船外的运河水静静流淌着，壮壮心里有好多疑问，总是平静不下来。

这会儿他又缠着王竑问道："先生，先生，您这个漕运总督是个多大的官啊？"

"哈哈，这个官嘛，要说大还真是挺大的！"王竑干脆放下手里的书，笑呵呵地说，"天下各地的漕粮征集、运输都要归咱们管，你说大不大？"

"哇！那可真是很大的官啊！"壮壮惊叹道，"先生太了不起了！"

"其实啊，不论大小，什么官都是为国家做事，为百姓做事。"王竑严肃地说，"官越大就越要小心谨慎，越要心怀国家和百姓。如果只想着自己的利益，肆意妄为，那么官越大，犯的错也会越大，对国家和百姓的损害也就越大。"

"先生说得对！"壮壮赞同道。

"就是不知道，先生上任以后都要管哪些事？做哪些工作啊？"壮壮担心地问，"要管整个天下的漕运，那得多忙啊，可别把先生累坏了！"

"肯定会很忙啊。"王竑苦笑着说。

接着王竑给壮壮解释了一下漕运总督的职责。

原来，在古代，漕运总督要负责天下漕运、巡抚地方，还要兼管河道等事务。

其中管理漕运包括管理漕粮的征集、运输、储存等，相关的还有各地漕船的制造和管理，仓库的管理，运粮民工、军队的安排等。

巡抚地方就是漕运总督还要负责巡抚淮安、扬州、凤阳等地，需要管理这些地方的军政事务，如督理钱粮、操练兵马、维修城池、安抚百姓、维护治安等。

兼管河道可是一个又苦又累的活儿。在没有单独设立河道总督的时候，像运河、黄河、淮河等河道的治理，都要由漕运总督负责。万一哪里的河流泛滥了、决堤了，他们就要负责去治理水患，治理不好就要承担责任、受罚了。

怎么在运河上押运粮草到北京？

一路沿着运河南下，没几天王竑和壮壮就到了淮安。王竑总督开始忙着处理各项漕运的事务。

"王总督，您这么忙，不如给我也安排点活儿吧，我帮您分担一些。这几天您都要累坏了！"壮壮趁着王竑吃饭的空闲，关心地对王竑说。

"哦！真的吗？"王竑停下筷子说，"我这儿还真有一个任务，需要一个认真、细心、负责的人去完成。你觉得你可以吗？"

"我当然可以了。"壮壮拍着胸脯说，"我可是很细心、很负

淮扬篇　水利科技人文史　漕运制度运河情

责的！"

"那好！"王竑点点头说，"我交给你一船漕粮，你带着士兵和漕工一起把漕粮押送到北京。沿途你要认真观察漕粮周转的各个环节，不能出错。还要把一路上发现的问题记下来，回来了报告给我。"

"好！我一定做到！"壮壮开心地接下任务。

之后壮壮就带着漕运总督衙门开出的单据，带领分派给他的士兵、水手和漕工等人，到清江浦的造船厂领了漕船，去丰济仓领了200石漕粮（石是古代容量的计量单位，读作dàn，1石等于10斗，1石大米约有60斤）。而后他们就驾船沿河北上。

"各位兄弟，这次咱们一起把这船漕粮送到北京。大家务必谨慎小心，不能让漕粮出任何问题。否则咱们都要受到惩罚。"壮壮郑重地告诉大家。

在明朝，每艘漕船由1名旗手带队，旗手之下还管理着9名水手，他们一起负责这艘漕船的漕运。如果这艘船上的漕粮出了问题，他们都要受到惩罚。

"老李，你在运河上行走多年，经验丰富，这一路还请你多多费心啊！"壮壮对一位姓李的水手说。老李是运河上的老水手，对运河上的各种事务都很熟悉。王竑安排他来帮助壮壮进行这次漕粮的押运。

"嘿嘿，没问题。"老李憨憨地笑着，并不多说什么。

大家一路北上，沿途看到无数的漕船和私家商船在运河上来来往往。一路上经过的码头都有无数漕工、水手忙着装卸货物，还有许多商户沿街叫卖，非常繁荣。

在逆水行舟的时候，大家就只能花钱雇上纤夫，拉着船前进。

105

有时候，在一些河段也会因为船只事故、洪水、暴雨等发生"交通堵塞"，漕船会堵在运河上不能前进。每当这个时候，壮壮就会愁眉不展。

因为朝廷制定了《漕运水程》，列出了漕船的行程图格。运粮的漕船每天都要将行程填在表格上。各段运河的巡漕官吏会核查这个行程表，如果行程延误了，漕船上的漕粮就会被暂存到德州仓库，以免这艘船阻碍后面的漕船。

"咱们要尽可能按照《漕运水程》的进度来走，如果延误了，漕粮被扣在德州，咱们和咱们的上司都要被处罚的。"老李悄悄告诉壮壮。

"还有其他要注意的吗？"壮壮问老李。

"有啊。还有两条一定要注意。一个是提防漕粮被调包。"老李说。

"啊？怎么会被调包呢？"壮壮不解地问。

"以前有一次，我们的船出了事故，只好把船上的粮食暂存在一个码头上。"老李一边回忆一边说，"结果等船修好了，把漕粮装回来才发现，原来很好的新米，变成了发霉的陈米。原来是被人调包了。那一次我们被罚了好多钱！上面的官员都被降职了。"

"还有这样的事！知道是谁做的吗？"壮壮追问。

老李摇了摇头说："没有查出来。"

"我回去了一定告诉王总督，让他派人查查此类案件，挖出调包的坏人来！"壮壮气愤地说。

"这种事情真发生过不少，真得好好查查！"老李接着说，"还有一件要注意的事，就是到达通州后漕粮的验收了。"

"漕粮验收会有什么问题呢？"壮壮不太明白，"我们把船上的

淮扬篇　水利科技人文史　漕运制度运河情

粮食交上去不就可以了吗？"

老李摇摇头说："事情没有那么简单的。那边会有军粮经纪来验收漕粮。漕粮的质量和数量，都是他们说了算。这一关，可不好过。"

"是这样啊。"壮壮皱起眉头，心说，"我倒要看看军粮经纪会是怎么回事。他们要敢为非作歹，我一定报告给王总督，惩治他们。"

"说到军粮经纪，他们都有一把很神秘的密符扇。"老李说道，"那把扇子上面画着一些奇怪的符号，是他们的凭证。拿着那把扇子他们就可以上漕船验收粮食，并收取费用。"

"军粮经纪密符扇？"壮壮心想，"听起来很神秘啊，不知道是什么样子的？"

没几天，壮壮他们的漕船就到了通州漕运码头。漕粮运到了通州，就要按照挂单、验粮、收粮、入仓、回空的程序办理好漕粮的验收工作。

此时，壮壮已经挂单完毕，正在等着军粮经纪前来验粮。

他站在船头向四周看去，只见一艘艘漕船停靠在码头两边，无数漕工上上下下搬运着粮食。

"你看，那就是军粮经纪。"老李指着旁边码头上的一个人说。

只见那个人正在漕粮的袋子上画着什么，一边高声说："上好新米一石……"

这时，一位手执折扇的中年人笑眯眯地走上船来。他眼一扫就发现了壮壮。这人走上前来微微施礼说："兄台真是年少有为啊，这么年轻就做了漕船的旗手。请问您贵姓？"

"你叫我壮壮就行。"壮壮惊讶地说，"你怎么知道我是旗手啊?"

"哈哈哈哈!"中年人笑着说,"鄙人姓黄,做军粮经纪好几年了,在别的方面没什么长进,但在这认人、验米上却是颇有些经验啦。"

"原来是黄经纪啊,失敬失敬。"壮壮好奇地问道,"听说你们军粮经纪都有一把作为凭证的密符扇,能否让我看看,长长见识呢?"

"哈哈!如假包换!"黄经纪笑着把手中的折扇递给壮壮,说,"冒充军粮经纪可是要杀头的。这边十几丈外就是漕运验粮官员驻扎的验粮楼,到处都有官兵巡逻,没有谁胆敢在这里冒充经纪的。"

壮壮打开折扇,只见扇子的两面各画了十列神秘的符号,每列五个,每一面上有五十个,两面一共一百个。每个符号的下面还写着"宝儿""麒麟""胖子""黑子"等代号。

壮壮看看老李,见老李点了点头,才把扇子还给黄经纪,说:"军粮经纪的密符扇真是名不虚传啊,太神秘了!黄经纪能否给我讲讲呢?"

"这可不行,这些密符都是机密,万万不能外泄的。"黄经纪摇头说,"时候也不早了,不如咱们赶紧验粮吧!"

"那就有劳黄经纪了。"壮壮说着,安排漕工搬运漕船上的漕粮,跟着黄经纪来到码头上漕粮验收的地方。

黄经纪解开一个布袋,将手插入袋中感受了一下,又抓出一把大米认真观察。

"不错,这批漕粮保存得很好!上等新米!"黄经纪对身后的人点头示意。

后面两个负责称重的人就将布袋挂在大秤上称量。

108

黄经纪看了下高高翘起的秤杆,点点头说:"上等新米60斤。"

接着,他又让人把大米倒在一个大斛(hú,一种古代的量器)中,拿出一柄月牙似的刮板沿着斛口平平推过去。

这时,老李拉了拉壮壮的衣袖,悄悄告诉他:"看见没有?那个刮板是弯的,他要是将凸出的面朝下,那么不满一斛的粮食也能量成一斛;他要是将凹面朝下,本来一斛多的粮食,也就被量成一斛了。还有些不良的经纪,会用脚使劲踢斛身,这样粮食沉下去,本来满满的一斛也就不满了。人们把这一套叫作'踢斛淋尖'。"

壮壮看着黄经纪的操作,点点头轻声说:"'踢斛淋尖'的做法真是太可恶了。不过这个黄经纪还算公平,他的刮板推得不是太凸,也不太凹,也没踢斛。"

老李也松了口气说:"看来咱们这次运气不错,遇到了一个好经纪。"

这时候黄经纪已经测量完毕,吩咐漕工重新装袋。

接着他拿出一截木炭,在布袋上画下一个神秘的符号,说道:"上等新米两石,送甲十六号库。"

后面的一个小吏赶紧拿笔记录下来。

同时,负责搬运的漕工过来把这袋大米装在了旁边的一辆车子上,准备装满车子后运到仓库。

就这样,黄经纪一边验粮,一边说出漕粮的等级和重量,不一会儿,整船漕粮就验收完毕。

"不错不错!壮壮旗手,你们这船漕粮质量好,斤两足。下面你们随车把漕粮送到仓库就可以拿到验收入库的单据了。"黄经纪笑着说,"后面还有很多漕船要验粮,我就不陪你们啦。"

"真是辛苦黄经纪了。"壮壮感激地说,"您先忙吧,下次我们

壮游大运河

漕运验粮

运粮过来还来找您验粮啊。"

"没问题。"黄经纪笑着和壮壮挥手告别，去给别的漕船验粮了。

壮壮和老李带着漕工一起把漕粮运到了指定的仓库，拿到了验收入库的单据。之后他们又去了粮厅公署、巡漕公署等衙门办理各种手续。

老李他们顺利完成了任务，都很开心，在码头附近采买了不少北京的特产要带给家人。而壮壮则把自己一路上所看到的问题都暗暗记在心里，等着回去告诉王总督。

就这样，稍作休整后，他们便驾船南下，踏上了返回淮安的归程。

淮扬篇　水利科技人文史　漕运制度运河情

漕运总督府后来怎么样了？

大运河的河水流淌不止，淮安的漕运总督衙门默默地行使着自己的各项功能，维护着漕运的运转，维护着大运河的畅通。

在1855年黄河改道的影响下，运河泥沙淤积，河水变浅，船只难以通行，运河漕运日益困难。

并且这个时候，清朝忙着镇压太平天国的起义，没有余力再去疏通运河。另外，随着商品经济的发展，民间商人的粮食贸易也能满足人们的需求了。

至此，漕运已经不再是社会必需的措施，于是在光绪二十七年（1901）清政府下令停止了漕运。

漕运停止后，相关的衙门、卫所等机构也逐渐被革除。在1904年清政府裁撤了漕运总督和各省粮道的官员。

而淮安的漕运总督府也逐渐被拆毁。关于漕运总督府损毁的原因，有人说是被侵华日军的飞机炸毁的，也有人说是被逐渐拆毁的。

到底是什么原因使得漕运总督府损毁呢？欢迎各位小朋友前去探索。

第九章　泗阳

泗水之滨可以寻到哪些芳华？

春日

宋·朱熹

胜日寻芳泗水滨，无边光景一时新。
等闲识得东风面，万紫千红总是春。

念诵着宋代思想家朱熹的这首《春日》，壮壮和壮游大运河的小朋友们一起，沿着大运河来到泗阳研学。他们会在这里寻到哪些"芳华"呢？

在这里，他们参观了大运河上唯一的妈祖庙，参观了中国杨树博物馆，参观了中国近代地理第一人张相文的故居，还参观了夺淮入海的黄河故道，品尝了泗阳膘鸡、八集小花生等美味特产，欣赏了云渡桃雕、新袁柳编等非遗技艺。真是太精彩了！

那么，这些绽放在泗水之滨的璀璨"芳华"中究竟蕴藏着什么样的奥秘呢？我们一起去看一看吧。

淮扬篇　水利科技人文史　漕运制度运河情

经常在海边的妈祖庙怎么会出现在泗阳呢？

壮壮和壮游大运河的小朋友们首先来到泗阳县妈祖文化园。

妈祖文化园位于泗阳船闸西南边大运河之上的如意岛和吉祥岛。远远地，壮壮他们就看到了如意岛上的三面妈祖雕像。

"妈祖像好高啊！"壮壮感叹道，"她还有三头六臂呢，太厉害了！"

"那当然了。"这时旁边的一位老人说，"这可是世界上唯一的三面妈祖雕像啊。她有32.3米高，代表了妈祖在农历三月二十三日诞生呢。"

"这里怎么会有一座妈祖庙呢？"壮壮好奇地说，"我知道在广东、福建、香港、澳门等沿海地区都有妈祖庙。人们出海前都要到妈祖庙上香、祈福，希望能平安归来。可泗阳这里不是海边，怎么会有一座妈祖庙呢？"

老人哈哈笑道："妈祖是人们信仰的对象，可不只是海边才有呢。人们相信，她可以保佑海上的船只平安，自然也能保佑运河上的船只平安啦。"

说着他指了指旁边的大运河，接着说："在以前，隋唐大运河、京杭大运河可是我们国家最重要的水运路线，在航海技术还不发达的时候，运河水运可比海运厉害多了。"

壮壮听了，不解地问："老爷爷，妈祖庙还和运河的水运有关系吗？"

"那当然啦。"老人说，"运河水运发达，各地的客商在运河上南来北往，不仅把自己家乡的货物通过运河运到全国各地，还把自己家乡的文化、信仰也带到了运河两岸，乃至全国各地。妈祖信仰也是这样从广东、福建等地传播到运河两岸的。古时候，泗阳这里有黄、淮、运、泗四条水脉交汇，水运发达，人们在这里建造妈祖庙也很自然啦！"

"谢谢老爷爷！我明白了。"壮壮开心地感谢老人，"您让我学到了很多新知识。原来海上的人们和运河上的人们还有着共同的民间信仰呢。"

"你说得对。其实，也可以说妈祖是整个海上丝绸之路和大运河共同的信俗。"老人夸奖壮壮，"你真是一个爱学习、爱思考的好孩子。"

接着老爷爷又给壮壮和壮游大运河的孩子们讲了妈祖的来历。

宋朝的时候，莆田湄洲岛有个勤劳、勇敢又善良的女孩，名叫林默。她从小就和家人一起打鱼，练就了一身打鱼、驾船、游泳的本领。她还经常帮助别人，曾经救起过很多不慎落水的人。乡亲们都很喜欢她。

后来，有一次出海遇到狂风暴雨，在营救别人的过程中，林默不幸牺牲了。

她死后人们感恩她英勇救人的事迹，为她建了庙来供奉，出海的时候也会来祈求她的保佑。后来她就逐渐被人们神化为海神。很多地方的船工、水手、旅客、商人和渔民等都信奉她，尊称她为妈祖，也称为天妃、天后、天上圣母、娘妈。

后来，妈祖的信仰也随着海上丝绸之路传播到了世界各地，成了世界各国在海上谋生的人们共同的信仰。

现在，全世界共有上万座妈祖庙，有3亿多人信仰妈祖。在20世纪80年代，妈祖还被联合国授予"和平女神"的称号。在2009年9月，妈祖信俗通过了联合国教科文组织的审批，被列入人类非

淮扬篇　水利科技人文史　漕运制度运河情

物质文化遗产。

而泗阳妈祖文化园则是千里运河上首座妈祖文化园,其前身是运河畔古骡马街上的天后宫。相比于闽浙沿海的妈祖文化,泗阳妈祖文化将当地民俗文化融入其中,形成了独特的文化属性。现在的泗阳妈祖文化园形成了集水利生态风光、佛教文化、道教文化为一体的文化链条和旅游景点群,这在全球上万座妈祖庙中也是十分罕见的。泗阳妈祖文化园正以它独特的人文景观和文化底蕴,吸引海内外的朋友以及港澳台同胞和海外侨胞回乡祭拜,也为泗阳的文化建设发挥了重要作用。

泗阳为什么被称为"意杨之乡"?

从妈祖文化园出来,壮游大运河的小朋友们又来到了泗阳的中国杨树博物馆。这可是中国唯一的一个以杨树为主题的博物馆呢。

"大家看,这边种植的就是意杨。"博物馆的老师给小朋友们介绍说,"意杨是我国从国外引进的优良杨树树种。"

"老师,为什么我国要引进意杨呢?"壮壮好奇地问道。

"其实啊,我们国家现在种植的玉米、红薯、土豆等农作物,都是从国外引进的。"老师讲解道,"因为它们的产量高,能够为我们提供更多的粮食。"

"引进意杨也是如此。"老师接着说,"意杨生长快,种下十年就可以成材,这样就能在很短的时间里,为人们提供更多的木材了。"

"老师,这些意杨到底有什么用呢?"一个小朋友不解地问。

"意杨可是有很大用处呢。意杨木材可以用来做建筑材料,也可以制浆造纸，制作纤维板、胶合板、火柴、一次性筷子等。"老师耐心地为大家解说，"并且意杨的树干挺直，枝条开展，叶大荫浓，适宜种作防风林，也常用作行道树种在道路两边。现在全国各地都有大量的意杨种植呢。"

"哇！这么好的意杨是怎么引进到咱们中国的呢？"壮壮又问老师。

老师哈哈一笑，说："说到意杨的引进，里面还有一个小故事呢！那是在1972年，周恩来总理派当时的林业部副部长梁昌武等人代表我们国家去参加在阿根廷召开的世界林业会议。在会议上我国的代表们了解到意大利的杨树长得快、木材好，是当时最好的杨树品种。于是代表团在路过意大利的时候，就托意大利的朋友帮我们带回了三个品种的意杨：一个是72杨，一个是63杨，一个是69杨。树苗带回国内后，就在我们泗阳试种了。经过工作人员的精心培育，泗阳的意杨越种越多。到现在，全县种植的意杨树林有60多万亩，使得泗阳的森林覆盖率达到了47.8%。泗阳每年还会为全国各地提供大量的意杨树苗，把这种优质的杨树推广到了全国各地。"

"太厉害了！"壮壮说，"老师，是不是因为泗阳最早种植意杨，杨树博物馆才建在泗阳呢？"

"你说得对。"老师笑着解释说，"我们泗阳县是我国最早引进、栽种意杨的地方，全国各地栽种意杨的树苗，大部分都是从泗阳这里通过大运河、公路、铁路运过去的呢。所以啊，杨树博物馆才会建在泗阳。泗阳还被中国林学会授予了'中国意杨之乡'的称号呢。"

小朋友们听了恍然大悟，怪不得泗阳被称为"意杨之乡"呢。

淮扬篇　　水利科技人文史　　漕运制度运河情

种杨树

"不仅如此，意杨还成了我们泗阳对外交流的一个媒介呢。"老师说。

"为什么这么说呢？"小朋友们不解地问老师。

"我们泗阳的意杨种植和相关的科研工作取得了举世瞩目的成绩。"老师说，"每年不仅会有国内的很多人过来参观学习，还会有许多国外的专家来这里交流学习。中外专家们聚在运河之畔的意杨之乡研讨意杨培育、种植、开发、利用等方面的科学技术。意杨就这样成了我们开展中外交流的一个媒介啦。"

老师接着说："比如，在2006年6月，国际林联组织的杨树专家布莱恩·斯坦特博士就曾带领来自全球30多个国家和地区的专家，专程来到泗阳考察。看到泗阳在意杨种植方面取得的成绩时，布莱恩·斯坦特博士激动地说：'我要告诉世界，地球上长得最好的杨树在中国泗阳！'"

泗阳太厉害了！小朋友们听了老师的介绍，都很激动。

"还不止如此，"老师接着说，"第23届国际杨树大会的秘书詹姆斯·卡尔在参观杨树博物馆时，还评价说：'泗阳是世界杨树种植之都，中国杨树博物馆不仅是中国的第一座杨树博物馆，而且是全世界第一座杨树博物馆。中国杨树博物馆和杨树节会在杨树知识的传播以及人们生活中扮演极其重要的角色。'"

"哇！原来泗阳的杨树博物馆这么了不起啊！"壮壮听了，心中惊叹道。

接下来，壮壮和小朋友们在博物馆老师的带领下参观了1976年1月定植的四株意杨之王，听老师详细讲解了意杨的各种用途，学到了很多知识。他们还在意杨种植基地亲手种下了自己的一棵意杨呢。壮壮开心极了，他心中迫切地期待着自己种下的意杨快快长大，早早成材。

【中原秦晋篇】

千里运河寓功过
百年甲骨话兴亡

第一章　开封

为何说上河原来是运河？

壮壮来到开封研学，在这里，他参观了龙亭、铁塔、大相国寺、开封府、包公祠等名胜古迹。

此时壮壮正漫步在开封的清明上河园，一路走过虹桥、河道、码头、船坊和古街上林林总总的店铺，宛如置身张择端的《清明上河图》中。

看着身边的河道，壮壮有点疑惑，这个"上河"究竟是一条怎样的河流呢？

不如穿越到古代去探索其中的奥秘吧。于是他按下时空穿梭眼镜的按钮，念起了穿越的口令："壮游大运河，神奇大揭秘。穿越！"

为什么说《清明上河图》中的上河原来是运河？

带着对"上河"的疑惑，壮壮穿越到了900多年前的北宋时期，成了画家张择端的小书童。

张择端画《清明上河图》

此时壮壮跟着张择端走在北宋都城汴梁繁华的大街上。看着周围熙熙攘攘的人群,看着两边生意兴隆的店铺,壮壮心中感叹:原来北宋时开封就已经如此繁华了啊!

忽然,一阵惊叫声传来,原来是旁边的汴河上一艘运粮的私船又撞到了虹桥。张择端远远看了一眼,摇着头,叹了口气,对壮壮说:"走,回家画画!"说着扭头就往回走。

壮壮赶紧跟上。

不一会儿,两人回到家中。打眼一看,张择端家里没有金石盆景,没有精美瓷器,也没有锦缎丝绸,有的只是一张长长的画案、挂满四壁的书画和旁边叠放的层层画纸。

张择端站在画案前闭目构思。壮壮熟练地摆好了笔墨纸砚和各色颜料,然后站在旁边好奇地观看:"先生今天要画什么呢?"

张择端忽然睁开双眼。那一瞬间,壮壮好像从他的眼中看到璀璨的星辰。只见张择端拿起笔来,蘸上墨汁,开始在画纸上飞快地打起了画稿。

不一会儿,大致的画稿已经画好。张择端停下笔,检查画稿。

壮壮趁机问道:"先生今天要画什么啊?"

张择端抬头看向窗外的天空,自信地说:"我要把这大宋最繁华的时代,把这汴梁最光辉的场景,把这汴河上下的风光,以及这风光背后的东西,都尽数画出来。"

"哇,太厉害了!可是,这么多东西可不是一天能画好的吧?"壮壮问。

"是啊,这幅画要画上好长时间呢。其实,我已经想了很久,但一直没有动笔。可是,再不画,我怕这片繁华就再也看不见了。"张择端缓缓说道,一副心事重重的样子。

"怎么会呢?"壮壮不解地问,"汴梁以后会更繁华吧。"

"唉,我问你,刚才在街上你都看到了什么?"张择端问壮壮。

"看到的东西太多啦。"壮壮开心地说,"有卖糖葫芦的,卖果子的,卖桂花糕的……"

张择端听得脑袋发涨,赶紧喊停:"你这个小馋鬼,就看到吃的了。"

说着他指了指画稿上的船,问壮壮:"你可知道这是什么船?"

壮壮看了看,想了想说:"这是运粮的船吧?"

张择端叹了口气说:"对,这是运粮的私船。"

"为什么是私船呢?"壮壮问,"以前运粮的不都是官家的漕船吗？"

"说来话长啊。你可知这上河本来便是运河？"张择端见壮壮好奇，就给他解释了一番。

原来，上河（汴河）本来就是一段运河，是隋、唐时期开凿的运河通济渠的一部分。

通济渠从现在的河南郑州荥阳汜水镇出黄河，一路经过鸿沟、蒗（làng）荡渠、睢（suī）水，沟通了江苏盱眙（Xūyí）境内的淮河，是隋唐大运河的重要组成部分，在漕粮运输等方面发挥了巨大作用。

宋朝建立的时候，因为通往洛阳的运河淤塞不通，漕运粮船不能直接抵达洛阳，所以宋太祖赵匡胤只好定都在开封（汴梁），而汴河就担负起了为大宋首都汴梁输运粮食的重任。

张择端为什么要画《清明上河图》？

由于宋徽宗太过于喜欢书法、绘画、金石等艺术了，把大量时间和心力用在了钻研艺术上，奸臣蔡京等人趁机把持了朝政。

蔡京等人还投其所好，派人在全国各地搜罗奇花异石，装上漕船，十船编为一组，称为"花石纲"，通过大运河运到汴梁献给宋徽宗。就这样很多原本运输粮食的漕船被征用去运输奇花异石了，漕运就出现了问题。官船运粮不力，一些私船就趁机牟利，逐渐做大，甚至掌握了汴梁的粮食市场，操控粮价，鱼肉百姓。

"你看这艘撞桥的私船。"张择端指着画稿对壮壮说，"以前的漕运管理多严格，怎么会隔三岔五地出现这种事故呢？"

壮壮听了，连连点头，佩服地说："原来先生的画里还藏着这样的奥秘。"

"唉!"张择端又叹了口气说,"不光是这一点,你看城防的士兵和望火楼的军卒。"

说着他指了指画稿上的一个城门和一处望火楼。壮壮仔细一看,吃惊地发现,原来城门口的士兵不好好站岗,都坐在房檐下休息,望火楼上也没有人站岗。甚至城防和望火楼下的军营挂着各种招牌,变成了店铺。

张择端有些气愤地说:"汴梁城火灾频发,灭火是十分重要的问题。望火楼负责观测火警,楼下所驻扎的'潜火兵'专门负责灭火。可现在望火楼上无人望火,望火楼下'潜火兵'的兵营竟然被改成了饭馆。这要是有地方着火了,却没人去救火,不知道会殃及周围多少百姓啊。"

"更严重的是城防问题,"张择端气得狠狠拍了下桌子,"你看,城墙上没有防御措施,城墙下没有守卫站岗,兵营变成了商铺。万一国家有事,谁来拱卫京畿啊!这样下去,后果真是不堪设想啊!"

听了张择端的话,壮壮惊得目瞪口呆。原来,在这繁华背后,竟然隐藏着这么严重的问题。他赶紧建议:"先生,您看到了这些,何不尽快上书告诉皇帝呢?"

张择端深深吸了口气,坚定地说:"奸臣当道,良言难进。我听说圣上喜欢书画。不如我就把这些都画出来,呈给当朝圣上。只愿他能从中看到潜在的危机,尽快整顿朝政吧。"

名画是怎样复活的?

终于,在1101年张择端殚精竭虑画成了这幅《清明上河图》。

这幅画恰如张择端所愿，获得了宋徽宗的青睐，被收入宫廷御府。可惜的是，宋徽宗也许是没有看出画中的深意，也许是看出了其中的深意，但不愿去理会。总之，结果就是宋徽宗在《清明上河图》的卷首题签、盖印后就将其赏给了某位大臣。

宋徽宗继续搜罗天下的奇珍异宝，开画院，建延福宫，建艮岳，肆意地用国家的力量来挥洒着自己的艺术梦想。直到1127年靖康之变，汴梁被金军攻破，宋徽宗、宋钦宗被金军俘虏，艮岳被金军踏平，就连《清明上河图》也被金人抢走。

后来，《清明上河图》被元朝收入秘府，后又辗转流传数百年，先后被陈彦廉、杨准、刘汉、李祁、吴宽、徐溥、李东阳、陆完、严嵩、冯保、毕沅等人收藏。在1799年《清明上河图》被收入清宫，后又被溥仪带到长春。1945年8月，日本投降，伪满洲国破灭，溥仪外逃，《清明上河图》等珍贵文物流落到民间。后来，《清明上河图》在通化被截获，被存放到东北博物馆，后来又拨交给北京的故宫博物院。

《清明上河图》是我国十大传世名画之一，是国宝级文物，其中绘制了许许多多的各色人物、牲畜、车船以及房屋、桥梁、城楼等事物，极为生动地记录了北宋时期东京汴梁的城市面貌和当时人民的生活状况，体现了北宋时期的文化、经济、建筑、民俗等方面的内容，具有巨大的历史价值和艺术价值。

900多年后，在2010年上海世博会上的中国国家馆中，人们以动画的形式复活了《清明上河图》，让其中的人物"活"了起来。在这跨越数百年的一场对话中，现代的中国人用现代的方式，打开了《清明上河图》中古老的历史和艺术，让世界上的人们更加了解中国。

第二章　洛阳

1400年前的谷粒竟然能发芽生长？

这一天，壮壮来到洛阳研学，他参观了偃师商城遗址、东周王城遗址、汉魏洛阳故城遗址、隋唐洛阳城遗址、龙门石窟、函谷关等名胜古迹。现在他来到了闻名已久的含嘉仓遗址。

一阵清风吹过含嘉仓遗址，空气中似乎也带着一缕粮食的甜香。

壮壮静静地看着面前屏幕中那神奇的一幕：含嘉仓遗址发掘过程中，人们在粮窖的木板缝隙中发现的一些1400年前的谷粒，竟然在取出后的第三天发芽了。后来经过洛阳农科所培育，这些谷芽竟然结出了谷穗！

看着院中花圃里盛开的鲜花，壮壮十分好奇，究竟是什么力量让1400年前的谷粒可以发芽生长呢？

带着心中的疑惑，壮壮按下了时空穿梭眼镜的按钮，念起了穿越的口令："壮游大运河，神奇大揭秘。穿越！"

为什么唐太宗要在洛阳城里建粮仓？

怀着对千年种子发芽的好奇，一道白光中，壮壮穿越到了1400多年前唐太宗贞观年间（627—649），成了一名管理含嘉仓的小小仓管员。

此时，唐太宗李世民正在和几位大臣商量扩建含嘉仓的事情。

唐太宗手指案上的洛阳地图说："国以民为本，民以食为天。为了解决长安、洛阳百姓和满朝文武百官的吃饭问题以及军饷问题，朕要扩建洛阳城内的含嘉仓，扩大仓储规模，用来储存漕粮。诸位爱卿，你们说说自己的看法吧。"

唐太宗刚说完，就有一位大臣站出来，说道："臣魏徵觉得此举有些不妥。"原来他就是以直谏著称的大臣魏徵。

唐太宗见他有意见也不奇怪，就请他说说有何不妥。

魏徵挺了挺脖子，说道："当年隋炀帝耗费民力，开凿大运河，使得民怨沸腾，最终导致隋朝的灭亡。我们大唐如今坐享大运河的便利，南方的粮食可以源源不断地送到北方。如今在洛阳城外前隋修建的回洛仓，有仓窖700余座，可以容纳粮食3亿斤。臣以为回洛仓已经足够储存漕粮，实在不必耗费民力再扩建含嘉仓了。"

壮壮此时身为含嘉仓的管理员，自然对回洛仓也有所了解，知道魏徵说的没有错，回洛仓作为天下第一粮仓，确实可以满足现在的粮食储存需要。可是唐太宗为什么要扩建含嘉仓呢？

唐太宗看了一眼群臣说："朕自然知道城外的回洛仓足够储存粮食，可还是提出要扩建城内的含嘉仓。诸位爱卿可知其中的缘故？"

大臣们齐声说不知道。

中原秦晋篇　千里运河寓功过　百年甲骨话兴亡

唐太宗叹了口气,带着一些怅惘说道:"诸位爱卿当年追随我南征北战,打下这万里江山。不知道你们是否还记得当时李密夺取回洛仓之事?"

原来,当时正值隋朝末年,天下各路英雄纷纷揭竿而起,争夺天下。李密趁机夺取了洛阳城外的回洛仓,让洛阳城内无粮可吃。李密有了回洛仓的大批粮食做后盾,飞速完成了洛口城的扩建,将这里打造成自己的驻地,并开仓放粮,吸附了大量饥民和缺粮的义军,一时间实力大增。

此时不少大臣明白了其中的道理,纷纷夸赞唐太宗的英明神武。

唐太宗微微一笑,回头问魏徵:"魏爱卿,你说这含嘉仓要不要扩建呢?"

魏徵自然也明白了唐太宗的顾虑,诚恳地说:"臣知错了,圣上说得有理,这含嘉仓该修。将粮仓修在城内,就不会让粮仓被人夺去,致使城内无粮,重蹈前隋的覆辙。"

唐太宗哈哈笑着说:"能让你魏徵认个错还真不容易呢。"

群臣跟着哈哈大笑。

唐太宗示意大家安静,接着讨论这个含嘉仓该如何扩建。只见各位大臣各抒己见,议论纷纷,没过多久就拟定了含嘉仓扩建的规划,让工部尚书段纶全面负责扩建工程。穿越而来的壮壮也得到任命,参与到含嘉仓的扩建中。

古代的粮仓是怎么建成的?

段纶和壮壮来到含嘉仓。含嘉仓是隋朝遗留下来的粮仓,规模远远不能和回洛仓相比。此时的含嘉仓摆满了木料、草席、稻草等，这些是修建仓窖要用到的材料。

看着一堆堆的材料，段纶说："壮壮啊，这扩建含嘉仓的材料我都给你备好了，施工的工人也都安排好了，下面的任务就交给你啦。务必要监督工人们把每道工序都做好啊，否则粮食出了问题，我们都是要被砍头的。"

一听说要砍头，壮壮吓了一跳。

段纶哈哈大笑："放心吧，我们的工匠都是当初建设回洛仓的工匠和他们的后人。这些工匠代代相传，手艺是绝对没问题的。你就跟着多学多看，注意防火、防雨，确保不出事故就可以了。"

壮壮这才松了一口气。

"这是负责工程技术的老鲁，人们都说他是鲁班的后人呢。有什么不懂的你就问他。"段纶把一个白胡子老人介绍给了壮壮。

壮壮赶紧过来行礼问好："鲁爷爷好！"

老鲁哈哈一笑说："哎呀，小工头你好啊！你看我这把年纪了，这个爷爷勉强还算当得起。不过这儿可没有什么鲁班的后人啊。鲁班祖师爷他按姓说是姬姓，按氏说是公输氏，可唯独不姓鲁啊。咱老鲁也就是个会点手艺的老工匠而已，可不敢说是鲁班的后人，哈哈！"

老鲁亲切又幽默，一说话就逗得大家跟着笑。

壮壮看着周围的材料，有些纳闷地问："鲁爷爷，修建粮仓怎么会用到这些席子、稻草、米糠呢？"

老鲁拍拍头，对着工人们夸张地说："哎呀，你们瞧瞧，咱刚说会点手艺，咱们这小工头就要出题考咱了。早知道俺就不吹牛了。呜呜呜……"说着还装模作样地抹了抹眼角并不存在的眼泪。

中原秦晋篇　千里运河寓功过　百年甲骨话兴亡

扩建含嘉仓

大家看到了，哄的一声笑倒一片，壮壮也被逗得笑了起来。

段纶咳嗽一声，说："老鲁，你再逗下去，粮仓都要被你逗得笑塌了。"

段纶一说，大家又是哄笑一片。

老鲁嘿嘿一笑，拍拍壮壮的肩膀，说："走，小工头，咱们去那边看看新建的粮窖，你就明白为啥要用这些材料了。"

说着老鲁领着壮壮去几个正在施工的粮窖观察了一番。壮壮一边看，一边听老鲁解说，总算明白了含嘉仓的粮窖是怎么修建的了。

第一，粮窖要选在地势较高、土壤比较干燥的地方建，以免受到雨天积水与地下水的侵蚀。

第二，粮窖要往下挖到十几米深，这样可以利用土壤的隔热保温效果，使粮仓能保持一个相对稳定的温度。

第三，地窖挖好后，要点火烘干地窖底部和周围的地面，保证地窖周边泥土的干燥。

第四，地窖烘干后，还要在窖底和窖壁铺上几层不同的材料做"干燥剂"。窖底一般是先铺一层干燥的烧红土碎块和草木灰，然后在上面铺一层20至30厘米厚的干燥木板，木板上再铺一层苇席，苇席上面会再撒一层厚厚的干稻草、谷糠等，最后在上面再铺一层苇席，这层苇席上才可以放粮食。窖壁与窖底的修建方法相似。

第五，在往粮窖储存粮食时，也有讲究，不能把所有粮食一下子全倒进去，而要分层放粮。也就是每放一层粮食，就再铺上一个由两层苇席中间夹米糠做成的夹层。有了夹层的间隔，窖中储存的粮食就被分隔成了很多部分，即便某一部分出了问题也不会影响其他部分。同时还能使仓中的温度不会因为粮食的积压不透气而变得过高。

第六，就这样边放粮食边放苇席和米糠，直到离地面半米左右，再依次铺上苇席、米糠、苇席、木板或支架、苇席、草束，然后再用混合泥封顶。这样一个粮窖才算大体建成。

第七，粮窖建成后，人们还会在上面种一棵小树苗。粮窖里的粮食要是受潮发芽、霉变就会发热，小树苗在这股热量的影响下，叶子就会变黄。这样人们就可以用小树苗的状态来推断粮窖里面的情况。

第八，含嘉仓的粮窖窖底都会留有铭砖。铭砖上详细记载着这个粮仓的方位、所储存粮食的品种、粮食的来源，以及相关的运输和管理人员的官职与姓名。这就给每一仓粮食上了"户口",万一出现问题,就有据可查。

看到了这一整套粮仓建造的过程,壮壮由衷地赞叹古人的智慧。

他问老鲁:"鲁爷爷,您说咱们这样的粮仓能不能把粮食保存到1000多年以后?甚至让这些粮食在1000多年以后还能生根,发芽,开花,结果?"

老鲁听到壮壮的话不由一呆,他看了看四周专心工作的工人们,大声喊道:"孩儿们,你们听到了没有?咱们的小工头问了,咱们的粮仓能不能把粮食保存到1000多年以后?能不能让里面的粮食在1000多年以后还能生根,发芽,开花,结果?"

大家听了,都齐齐地呆住了。

老鲁接着哈哈大笑:"要真能做到这个地步,咱老鲁就真敢认自己是鲁班的传人了。你们一个个也一样,都敢拍着胸脯、扯着嗓子说,老子就是鲁班的传人!"

老鲁越说越激动:"孩儿们,都给我把吃奶的劲使出来!咱大唐儿女,谁还没个上天入地的梦想啊。这回咱们就做个鲁班的传人,给咱们1000年后的子孙们留上一窖好粮食。"

抬手指着四周的伙计们,老鲁大声喝道:"告诉我,你们能不能做到?"

工人们齐声喊道:"能!"

连壮壮也大声地喊:"能!"

那蕴含着大唐男儿热血、蕴含着中华民族无限自信的喊声传出了含嘉仓,传出了洛阳,传出了洛水,传出了大运河,那喊声震彻寰宇,在世间回荡了1000多年。

1971年，人们对含嘉仓进行考古发掘。当考古人员挖开160号仓窖时，发现里面的粮食仍然保存良好、颗粒分明。后来专业人员用仪器检测，发现这些粮食颗粒有48%已经炭化，52%仍然是有机物。

更让人们意想不到的是，仓窖木板缝隙中的一些谷粒，在取出后的第三天竟然发芽了。后来这些发芽的样本被送到了洛阳农科所进行培育，在第二年竟长到膝盖高，还结出了和现代的谷子一样的谷穗！

2014年6月22日，中国大运河申遗成功，入选世界文化遗产名录，同时含嘉仓也成为中国大运河世界文化遗产点之一。

第三章　洛阳

运河柳树为何姓杨？

一脉运河通南北，两行烟柳尽姓杨。从扬州到洛阳，从洛阳到北京，大运河畔总是生长着一排排的杨柳。

壮壮沿着隋唐大运河研学，来到了洛阳。看着眼前那长丝拂水的柳树，壮壮心想："柳树为什么要叫杨柳呢？运河上的柳树为什么要姓杨呢？"

不如穿越到古代去一探究竟吧，于是他按下了时空穿梭眼镜的按钮，念起了穿越的口令："壮游大运河，神奇大揭秘。穿越！"

是谁下令开凿隋唐大运河的？

带着关于杨柳的疑问，壮壮穿越到了1400多年前隋炀帝大业年间（605—618）。

此时，壮壮正在隋都大兴（即长安城）的一家酒馆吃饭。酒馆内还有几桌客人，他们正在议论着什么事情。

"嘿，听说了没有？"一个商人模样的中年人对旁边一个身着青衫的书生说,"当今圣上要开凿一条大运河。"

书生点点头,抬着下巴说:"确有此事,我听太学的老师说过这件事。圣上宏才伟略,大运河开凿后可以南达余杭(杭州)、北至涿郡(北京),此举真是功在千秋的伟业!"

"我听说皇上开运河是为了去扬州看琼花。嘿,听说那边的琼花一开香飘十里,真是太美了!等运河开通了,我也要过去看看。"商人眼睛放光地说,"嘿嘿,顺便我可以从南方买上几船丝绸、柑橘、茶叶,从运河上运回洛阳,肯定能赚上一大笔钱。"

旁边的店小二听了插嘴说:"我怎么听张大婶说,琼花是个美女,皇帝开运河是为了开着龙船去娶她回来做贵妃啊?"

书生听了两眼一瞪,使劲一拍桌子,说:"大胆的奴才,谁给你的胆子,竟敢编排皇上!"

店小二被吓得一缩脖子,也不敢争辩,灰溜溜地往后厨去了。

中年商人举起酒杯劝道:"王兄乃是太学里的大才子,何必和这市井小儿一般见识呢。来来来,我们再干一杯。"

见书生举杯饮尽,商人又给他斟满,接着说:"我们平民百姓自是不知圣上的雄才伟略。王兄可否为我等说说,圣上究竟是为何要开凿这运河呢?要知道这不是一个小工程啊。"

书生叹口气说:"不外乎钱、粮、军、政四字啊。"

"愿闻其详。"商人倾耳恭听的样子。

"你多年经商,往来南北,自然知道如今江南鱼米之乡的富庶。"书生说,"而北方多年征战,早已是粮少人多的情景。朝廷要养文武百官,要养各路军马,要养活这大兴、洛阳的无数百姓,哪儿来的粮食,哪儿来的钱啊?"

"自然是要从全国各地的赋税中来,"书生解释,"开凿运河,

隋炀帝开凿隋唐大运河

可以让江南、山东、中原、燕赵等地的赋税钱粮都通过运河集中过来。有了这些钱粮,别说百官足用,就是圣上想打高丽也有粮可打啊。"

"王兄所见果然高明。"商人向书生竖起大拇指满口夸赞,接着低声说,"听说地方门阀有些心思,圣上此举是否也是有意敲山震虎……"

书生听了忙说:"此事切莫多言!"止住了商人的话头。接着二人继续饮酒吃饭,不再多说什么。

原来,为促进南北文化交流,为了调集江南等地的粮食以保障朝廷及军队所需,也便于隋炀帝巡游各地,巩固和发展自己的政权，隋炀帝在大业元年至六年（605—610），动用百万民工，疏浚、连通了之前历史上遗留下来的一些局部运河河道，开通了隋唐大运河。

你知道大运河的开凿有多艰难吗？

一晃过了几个月，这一天，壮壮在街上看到了一些衣衫褴褛的老人、孩子。他们面黄肌瘦，拿着破碗沿街乞讨，还经常受到卫兵的驱逐。

壮壮把自己刚买的包子递给了一个六七岁的小男孩。

男孩连声道谢。壮壮说："不用谢。你一定很饿了，快吃吧。"

男孩舔了舔干裂的嘴唇，说："我要拿给奶奶吃，她已经两天没吃东西了。"说着挥挥手就往回跑。

壮壮想了想，又买了几个包子，远远地跟了上去。

男孩一路小跑，进了一座破庙。

进到庙里，壮壮看到一个白发苍苍、满脸皱纹的老奶奶躺在一堆干草上。

男孩拿着包子递到老人嘴边，说："奶奶，你快吃吧，我已经吃过了。"

老奶奶声音沙哑地说："乖孙儿，你吃吧，奶奶不饿。"

壮壮这时走进来，拿出买的包子说："老奶奶，您快吃吧。我这边还有包子，都给你们吃。"

老奶奶挣扎着坐起身来，对壮壮千恩万谢。

老奶奶吃了两口包子，就开始诉说他们一家的悲惨遭遇。

原来他们是住在运河边上的人家。家里有爸爸、妈妈、爷爷、奶奶、孙子五口人,一家人男耕女织,虽然清贫,但过得也很快乐。

可是前阵子皇帝下令要开凿运河,把小男孩的爸爸、妈妈、爷爷都拉过去干活。因为工期很紧,百姓们要没日没夜地干活,吃不好,睡不好,没几天,身体就累垮了。可是监工也不管百姓的死活,见谁干得不好,上去就是一顿皮鞭。

就这样没过几个月,小男孩的爷爷、妈妈、爸爸都相继死在了工地上。

听着老奶奶的话,小男孩不住地抽泣。老奶奶再也控制不住自己,搂着小男孩一起哭了起来。

壮壮见状也是万分悲痛,心想:"这个隋炀帝只想着开凿运河,却不顾百姓死活,真是一个暴君!"可是除了在心里谴责隋炀帝,壮壮也不知道该怎么安慰他们。

要是能把他们带回1400多年后的新中国就好了,人们一定会好好帮助他们的。可是壮壮知道,他不可能带着小男孩和他的奶奶穿越回去,心中充满了内疚和歉意。壮壮只好把身上的钱都掏出来放在老奶奶身边,然后悄悄地走了。

隋炀帝给运河上的柳树赐了哪个姓?

据传奇小说《开河记》记载,大运河开凿完成后,堤岸光秃秃的,既不美观,也容易被雨水冲刷侵蚀。这天,隋炀帝问及河堤的绿化、养护情况。

大臣虞世基建议在堤岸上种植柳树。一则,柳树容易成活,只要在河边插上一根柳枝,就能很快生根、发芽。二则,柳树长得快，能在隋炀帝第二年下扬州前长大。三则，柳树根系发达，可以起到加固堤坝、防止水土流失的作用。此外，隋炀帝还要求用宫女给他的龙舟拉纤。柳树枝条柔软，树影婆娑，不仅能为拉纤的宫女提供一些树荫，还能营造出绿柳拂堤的美景。

隋炀帝觉得这个办法很好，于是他在洛阳举办了一个种柳树的仪式，还赐柳树姓杨。从此，大运河的柳树都有了姓氏，都叫杨柳了。

当然，这则故事只是古人编出来讽刺隋炀帝的荒淫无道的，但运河边种柳树也确实起到了保护堤岸、美化环境等作用。

隋炀帝的结局是怎样的？

因为隋炀帝好大喜功，不知爱惜民力，做出了种种荒淫无道的暴行，致使在他统治的后期，瓦岗军、窦建德军等农民起义频发，各路诸侯也趁机造反。大业十四年（618）三月，宇文化及发动兵变，将在扬州巡游的隋炀帝杀死。

随着隋炀帝的身死，不久隋朝就灭亡了。

隋炀帝死后被宫人草草葬在当时的江都宫西院流珠堂下。在当年八月，原来跟随杨广的一位部将，把他改葬到了江都吴公台下。再后来，到了武德五年（622）八月，李唐平定江南后，又把他改葬到了雷塘。多次改葬使得在我国各地有好几处隋炀帝陵。那么隋炀帝究竟安葬在哪里呢？

2013年3月，江苏扬州曹庄一带的工地上，工人在施工中发现了两座隋唐时期的古墓。通过考古队的发掘，在墓中找到一块写着"隋故炀帝墓志"的墓志铭。此外，考古队员在墓室中还发现了

中原秦晋篇　千里运河寓功过　百年甲骨话兴亡

4个直径达到26厘米的鎏金铜铺首（古代钉在大门上的兽首衔环样子的饰品）。这么大且鎏金的铺首在古代是宫廷里才用的器物。在陪葬品中，还发现了一条13环金镶玉蹀躞带（diéxièdài，隋唐时期一种功能型腰带）。13环玉带板是古代最高等级的腰带，只有帝王才能使用。据此人们推断这处不起眼的小墓竟然是隋炀帝的墓地。

2013年11月16日，国家文物局和中国考古学会的考古学家们，在扬州召开了扬州曹庄隋唐墓葬考古发掘成果论证会。会上黄景略、徐光翼、王巍等十余名考古专家一致确认：扬州曹庄隋唐墓葬为隋炀帝墓，是隋炀帝杨广与萧后最后的埋葬之地。

后人如何评价大运河的功过？

隋炀帝身死，隋朝灭亡，但他耗费无数人力财力开凿的大运河却留了下来，造福了无数后人。

后来的唐、宋、元、明、清历代王朝无不利用运河的便利来开展漕运，解决粮食运输的难题。大运河还促进了运河两岸扬州、杭州、无锡等城市的发展，促进了南北方的经济和文化交流，维护了国家的统一和民族的团结。

就像唐代诗人皮日休在《汴河怀古》中所写：

尽道隋亡为此河，至今千里赖通波。
若无水殿龙舟事，共禹论功不较多。

大运河的开凿耗费国力民力，是导致隋朝灭亡的重要原因，但

壮游大运河

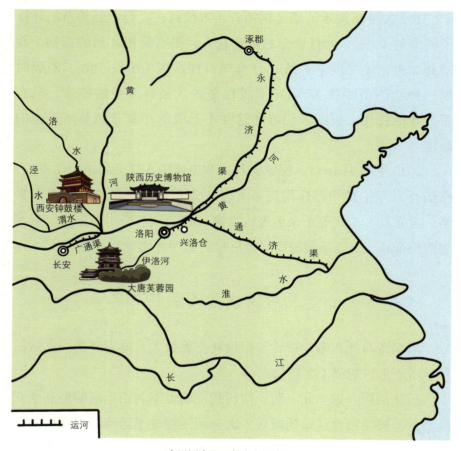

古运河洛阳至长安段示意图

大运河同样功在千秋。

眨眼千年,王侯将相都成了过眼云烟,只有大运河奔流千年,还在诉说着隋炀帝那说不清的是非功过。

你觉得该怎么评价隋炀帝开凿大运河这件事呢?

第四章　安阳

运河边的神秘文字到底是什么？

阳光下，昔日的永济渠褪去了隋唐时期的繁华，化为静静流淌的卫河，在中原大地上书写着新的传奇。

沿着大运河研学的壮壮，来到了河南安阳卫河岸边。

此时，壮壮正拿着刚捡到的一片龟甲在仔细观察。只见这块乌龟的腹甲上，刻画着几个神秘的图案。它们看起来像是古代的文字，但壮壮怎么看也认不出来。

这些神秘的图案究竟是什么呢？

不如穿越到古代去一探究竟吧，于是他按下时空穿梭眼镜的按钮，念出穿越的口令："壮游大运河，神奇大揭秘。穿越！"

甲骨文是怎么被发现的？

一道白光闪过，带着关于这些神秘图案的疑问，壮壮穿越到了120多年前的清朝末年，成了国子监祭酒王懿荣的书童。

这一天，王家有人生病，精通中医的王懿荣开了一个药方让壮

发现甲骨文

壮去药店抓药。不一会儿,壮壮就抓药回来,将药交给王懿荣。

王懿荣打开药包,仔细地检查每一味药的成色、分量。忽然,他拿起一片龙骨仔细端详起来。

壮壮担心地问:"先生,这块龙骨有问题吗?"

"你看,这块龙骨上有一些图案,看起来不一般啊。"王懿荣指着那片龙骨上的图案刻痕说。

"真的哎,这些龙骨上的图案,一行行竖着排列,看起来有些像是先生写的字啊。"壮壮惊奇地说。

"字?"王懿荣心头一跳。他学识渊博,对金石古董都很有研究,拿着龙骨仔细研究了一番,说:"这些图案像是篆书,又比篆书更加古朴，说不定还真是篆书之前的文字呢。这真是一个大发现！"

"壮壮，这些龙骨你是从哪儿买回来的？"王懿荣急切地追问。

"就在先生经常抓药的鹤年堂买的。"壮壮回答，"那边的伙计好像还说这批龙骨是新到的。"

"好，那我们赶紧去鹤年堂看个究竟。"王懿荣赶紧带着壮壮往鹤年堂药店走去。

鹤年堂药店的王掌柜听说王懿荣想看龙骨，很纳闷，心说什么药方也用不到这么多龙骨啊。不过王懿荣想买，他自然乐得卖给他。

于是王掌柜就让伙计把库里新到的龙骨都拿了出来。

王懿荣和壮壮一起翻看这些龙骨，发现这些龙骨有的是龟甲，有的是兽骨，其中不少上面都有神秘的图案。

于是王懿荣哈哈一笑，对王掌柜说："这些龙骨很不错，我都要了。"说着递过去一张银票。

王掌柜听了眉开眼笑，这可是一笔大生意啊！于是赶紧接过银票，让伙计把龙骨都给包了起来。

王懿荣拉着王掌柜的手来到一边，低声问："这样的龙骨我还需要，王掌柜这边还有没有啊？"

王掌柜笑着摇摇头。王懿荣又问这批龙骨是从哪儿进的货，王掌柜苦笑着摆摆手说："王祭酒，王翰林，您就别为难我这个小掌柜了。行有行规，进货的渠道不能说的。"

王懿荣笑一笑说："无妨无妨，我新得了几坛御赐的美酒，不知道王掌柜今晚是否有空来寒舍小酌几杯啊？"

王掌柜喜欢喝酒，听说有御赐美酒，立马答应了下来。

结果王掌柜晚上在王懿荣家喝得醉醺醺的，一不小心就说出了这批龙骨的来历。原来这批龙骨是鹤年堂药店从一位山东商人手里购买的。

于是王懿荣一边寻找这个山东商人，一边从各处收集这种带图案的龟甲、兽骨来研究。

后来王懿荣终于找到了这个山东古董商人范维卿，并通过他收购了大量带有图案的甲骨。

经过对大量甲骨图案的长期研究，王懿荣判定这些刻在龟甲、兽骨上的图案是大篆之前的文字，并把这些甲骨文字的年代大致上判定为商代。

王懿荣的研究成果一公布，就引起了轰动。一种新发现的古代文字，这可是了不得的发现啊！因为这些文字都是刻在古代的龟甲和兽骨上，人们就将这些文字称为甲骨文。

通过王懿荣的研究，国内外的许多人都知道了甲骨文的存在，也知道了那些带字甲骨的珍贵，于是很多人争相购买、研究。

但时代没有给王懿荣留下太多研究甲骨文的时间。在1900年，八国联军攻入北京，慈禧仓皇西逃，王懿荣不肯逃走，自尽殉国。

甲骨学是怎么形成的？

王懿荣虽然死了，但他发现的甲骨文却掀起了一股热潮。

甲骨文被王懿荣发现后，各地的金石学家、古董商人以及外国的文物商人都开始争相抢购甲骨。古董商人为了自己多赚钱，从不告诉别人这些甲骨的真正出处。直到1908年，学者罗振玉才首先探访得知，甲骨出土于河南安阳小屯村一带。

原来，在19世纪七八十年代，小屯村的村民在田间耕作时从地里挖出了一些带有刻痕、图案的龟甲和兽骨。在古代，中医将各种动物化石、有年代的动物骨骸当作一种药材，称为龙骨。村民并不知道这些龟甲、兽骨的珍贵，只知道这是一种可以卖钱的药材，就将比较大的龙骨卖给了药材商，小的就直接丢掉了。于是很大一部分龙骨被卖到药铺碾成了粉末。

后来国内外人士争相购买甲骨，也导致了安阳小屯村的甲骨遭到了大量私人的挖掘。滥挖甲骨对安阳的历史遗迹造成了巨大破坏，也造成了甲骨的大量流失。从1889年到1928年，私人挖掘出土的甲骨就达10万片以上，其中有很大一部分流失到了国外。

在1928年到1937年的10年间，当时的国家考古机构中央研究院历史语言研究所考古组，在小屯村一带前后进行了15次考古发掘，发现了24900多片甲骨，还发现了商代后期的宫殿遗址、宗庙遗址以及商代的王陵，并出土了大量珍贵的文物，如铜器、玉器、陶器等。这些文物为殷墟是商代王都的历史结论提供了物质文化上的证据。

在日军侵华的罪恶过程中，日军占领安阳期间，也对安阳小屯进行了疯狂的发掘，抢走了无数甲骨和其他文物。

值得庆幸的是，通过王懿荣、罗振玉、王国维、郭沫若、董作宾、唐兰、陈梦家、容庚、于省吾、胡厚宣等历代学者对甲骨文的研究，终于形成了专门的学问——甲骨学。

因为罗振玉号雪堂，王国维号观堂，董作宾号彦堂，郭沫若号鼎堂，他们四人的名号中都有一个"堂"字，所以人们将他们并称为"甲骨四堂"。

甲骨文是目前中国发现的最早的文献记录、最早的成系统的文字。甲骨学的研究对我国历史学、文字学、考古学等方面的发展都起到了积极作用。

安阳殷墟先后出土有字的甲骨约15万片，成为当时最伟大的考古发现之一。殷墟在1961年3月被列入首批全国重点文物保护单位，并于2006年7月13日列入世界文化遗产名录，成为古运河畔又一个让世界了解中国的窗口。

2009年11月26日，安阳中国文字博物馆正式开馆。中国文字博物馆是中国第一座以文字为主题的国家级专题博物馆。馆中陈列以文字为主题，包含甲骨文、金文、简牍和帛书、汉字发展史、汉字书法史、少数民族文字、世界文字等多个方面。现在，安阳中国文字博物馆已经成为第一批全国中小学生研学实践教育基地。

壮壮站在古运河边，看着时光中那些飞快流逝的光影，商贩、考古队、侵华日军、各国文物商等形形色色的人，把一件件甲骨运往各地。此时，壮壮心中十分沉重。他想，只有我们国家强大了，才能保护好祖先留给我们的各种宝贝。

【齐鲁篇】

异域王陵比邻谊
铁血运河爱国情

第一章 枣庄

是谁在运河上顽强地抗击侵华日军？

今天，壮壮沿着大运河北上，来到微山湖研学。碧波荡漾的微山湖上，壮壮搭乘一艘渔船，在湖上撒网捕鱼，体验了一回打鱼的快乐。

接着壮壮登上了微山湖上的微山岛。微山岛上耸立着一座铁道游击队纪念碑。挺拔的纪念碑沐浴在灿烂的阳光中，面对着微山湖上往来的船只，似乎在无声地诉说着那段艰苦抗战的往事。

看着铁道游击队纪念碑，壮壮不由得想起了那部经典的电影《铁道游击队》，想起了那首经典的革命歌曲《弹起我心爱的土琵琶》，想起那些曾经活跃在微山湖和运河两岸、英勇抗击日寇的游击队。

活跃在运河上的抗日武装都有哪些呢？不如穿越历史去看一看吧。于是他按下了时空穿梭眼镜上的按钮，念出了穿越的口令："壮游大运河，神奇大揭秘。穿越！"

壮游大运河

微山湖上最活跃的抗日游击队有哪几支？

1938年3月，侵华日军侵占了山东枣庄。中国共产党领导下的各种抗日武装开始在这里进行地下工作，开展游击战，顽强地抗击日军。

从1938年到1941年，微山湖附近成立了苏鲁豫支队、铁道游击队、微湖大队、运河支队等敌后抗日游击队。

其中，铁道游击队成立于1940年1月，隶属于八路军115师苏鲁支队。铁道游击队在队长洪振海、刘金山的带领下，与日军展开游击战，取得了许多战绩，被人们称为"飞虎队"。

在微山湖上、大运河两岸，铁道游击队和微湖大队、运河支队一起，在微山湖和运河两岸抗击日寇，完成了保卫微山岛，保护新四军与延安的秘密交通线，护送刘少奇（时任新四军政治委员和华中局书记）、陈毅（时任新四军军长）等首长通过敌占区等重要而艰巨的任务。

此时，壮壮就穿越到微山湖，成了一名铁道游击队队员。他和战友们一起扒火车、炸铁路、运粮食、输物资等，展开了针对侵华日军的游击战。

游击队是怎样夺回微山岛的？

1941年，运河支队、铁道大队、滕沛大队、峄县大队、微湖大队等微山湖地区的几支抗日武装都来到微山岛内活动，把微山岛建设成了一个敌后抗日根据地。它们活跃在微山湖、大运河以及运河沿岸，开展游击战，多次破坏日军的物资运输计划，缴获了很多

齐鲁篇　异域王陵比邻谊　铁血运河爱国情

运河上的抗日游击队

粮食、布匹、药品、武器等物资,有力地支持了前线大部队的抗日作战。

这一天,穿越而来的壮壮正和铁道游击队的战友们一起外出执行任务。他们成功地从一列日寇运输物资的火车上扒下了几十袋粮食和几箱药品。大家高兴地准备返回微山岛。

这时,忽然有一个哨兵领着一位老乡过来报告,说是有重要情报。

原来,侵华日军调集周围几个据点的日伪军,趁几支游击队都离岛执行任务的时机,侵占了微山岛。日军还想利用微山湖连通大运河的优势把微山岛建成侵华日军的物资基地。

"我们一定要夺回微山岛,不能让日寇得逞。"队长洪振海咬牙切齿地说,一边拔出枪来就要往回赶。

政委杜季伟连忙拦住了他,说:"洪队长,现在岛上日伪军人多势众,咱们自己是打不下来的,得联合兄弟部队一起去打才行啊。"

洪队长想了想说:"杜政委说得对。我们赶紧联系微湖大队和运河支队的同志们,咱们一起夺回微山岛!"

说着,洪队长派出壮壮和几个战友去给另外几支游击队送信,约大家过来一起商讨夺回微山岛的作战计划。

1941年6月22日晚上,几支队伍的负责人都来到微山湖边的小袁庄参加会议。来的人有运河支队的褚雅青、邵子真,铁道大队的杜季伟,微湖大队的张新华,滕沛大队的钟勇飞等。其中,令鬼子闻风丧胆、被称为"黑煞神"的褚雅青被大家推举为总指挥。他们商量好要在第二天夜里夺回微山岛。

可是微山岛上有巡逻的伪军,怎样登岛才能不被岛上的伪军发现呢?

这时,壮壮想到了一个办法,说:"我们可以划着小船到微山岛附近,派几个人潜水过去,悄悄干掉巡逻的伪军,然后大家再飞快地划船登岛作战。"

大家都觉得这个办法很好,可是潜水时游不了太远的距离就需要露出水面换气,有可能会被发现,这该怎么办呢?

壮壮看到墙角堆着的一捆芦苇,灵机一动说:"我们可以嘴里含上一根芦苇,把芦苇管子的一端露在水面上,这样就可以在水里换气了。晚上天黑,敌人很难看清水面上细细的芦苇的。"(芦苇是水边常见的一种植物,它的茎秆中空,节与节之间有隔膜,打通节

齐鲁篇　异域王陵比邻谊　铁血运河爱国情

处的隔膜后就变成一根简易的"管子"了。）

大家听了都说这个办法好。

于是，在第二天深夜，各个游击队的战士们分几个方向乘着小船来到微山岛附近。精选出来的突击队员们，人人都带着匕首、弓弩和一根芦苇管子。总指挥褚雅青一挥手，大家就悄悄地下水了，没有发出一点声音。

在芦苇管子的帮助下，突击队员们悄悄地潜水游到微山岛岸边。等巡逻的伪军过来后，他们一跃而起消灭了敌人，然后发出暗号。

收到暗号的几支队伍飞快地划船登岛。大家按照商定的作战计划，分成几组从各个方向登岛，还让一支队伍穿上伪军的衣服，装作巡逻队，在前面走，后面的队伍悄悄地跟着。

一路上悄悄干掉了伪军值勤的岗哨，来到日伪军的军营附近。

壮壮看到军营后面是伪军存放粮食的仓库，于是悄悄拉了拉洪队长的袖子，轻声说："我们先摸进去，把他们的粮仓点着，然后趁乱攻打，肯定能一举打垮他们！"

洪队长听了低声和总指挥褚雅青说了几句。"黑煞神"褚雅青点点头，拍了拍洪队长的肩膀，让他小心。

洪队长咧开嘴无声地笑了笑，带着几名铁道游击队的战士趁着夜色摸进了伪军的军营。

不一会儿，"轰"的一声巨响，鬼子的仓库发生爆炸，燃起了熊熊大火。日伪军一下就乱套了，有人提着水桶要去灭火，有人要搬东西，有人在胡乱地喊叫……

这时总指挥褚雅青一声令下，几支游击队从四面八方一起举枪射击，向着伪军军营攻打了过去。

虽然伪军的人数多、装备好，但挡不住各路游击队的奋勇攻势。伪军节节败退，游击队步步紧逼。

最终，经过一夜激烈的战斗，游击队终于收复了微山岛，活捉了伪军的副团长苏海如，击毙、杀伤、俘虏了伪军官兵200多人，缴获了长短枪200多支，取得了这次战斗的胜利。

微山湖的地理位置十分重要，这次战斗之后，日军又组织了几次对微山湖地区抗日武装的围剿。中国共产党领导的铁道游击队、运河支队、微湖大队等在艰苦的条件下，顽强抗战。在激烈的战斗中褚雅青、洪振海等游击队员壮烈牺牲。他们用自己的生命和鲜血守护了这片大地和湖泊。

1945年8月，日本天皇宣布无条件投降。当年10月，铁道游击队炸毁了沙沟等地的桥梁，将拒绝投降的2000多名日军围困在列车上3天时间，日军孤立无援，只好投降。至此，微山湖地区终于彻底收复，这片染满烈士鲜血的土地，又回到了我们中国人手里。

后来，人们在徐州市贾汪区建立了运河支队抗日纪念馆，在枣庄市薛城区建立了铁道游击队纪念公园，在微山县夏镇修建了微山湖抗日英烈纪念园……

人们在神州大地上建起了无数的抗日战争纪念馆、纪念碑，让这段记忆永远铭刻在中华大地上，让革命先烈永远活在我们后人的心中。

今天的微山湖更以其丰富的物产、矿藏、旅游资源等造福了沿岸人民。微山湖现有鱼类78种，其中的经济鱼类有鲫鱼、黄鱼、乌鳢、红鳍鲌、长春鳊和鲤鱼6种。微山湖地区还有丰富的煤炭、稀土等矿藏。微山湖还有微子墓、张良墓、伏羲陵、古碑刻石等人文古迹，更有着微山湖国家级湿地的秀丽风景。2009年12月，微山湖旅游景区被国家旅游局评为国家4A级旅游景区。

2014年中国大运河申遗成功，这里的会通河微山段位列中国大运河世界文化遗产河段之一，微山县利建闸被列为大运河世界文化遗产点。

第二章 台儿庄

台儿庄战役是如何取胜的?

台儿庄古城前,运河水无声地流淌,河边绿树成行、花团锦簇。台儿庄古城中人们脸上也都洋溢着幸福和自信的笑容。

眼前台儿庄古城的繁华与壮壮刚刚参观台儿庄大战纪念馆时所见到的惨烈战争场景,简直是两个世界!80多年前在这里发生的那场战役是多么悲壮啊!我们深深地知道,没有当年他们的英勇抗战,就没有我们现在的幸福生活。

台儿庄以前是什么样的呢?我能和抗日英雄们一起保护台儿庄吗?壮壮心想:"那就穿越时空去看一看吧!"

于是他按下时空穿梭眼镜上的按钮,念出了穿越的口令:"壮游大运河,神奇大揭秘。穿越!"

台儿庄为何被称为"天下第一庄"?

汉朝时,流经台儿庄的祖水就是彭城(今徐州)等地铁矿石运输的重要水道,被称为彭河,俗称运铁河。唐朝时,台氏在这里定

齐鲁篇　异域王陵比邻谊　铁血运河爱国情

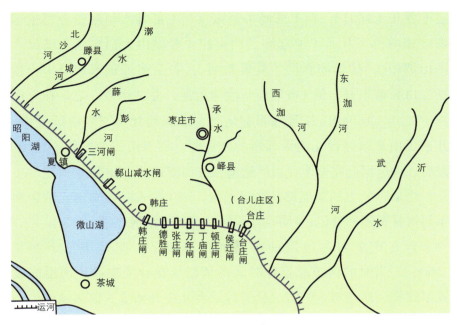

台儿庄段运河示意图

居建立村落，称为台家庄。

北宋时，狄青、苏轼等人曾先后主持开发彭城的利国铁矿，祖水发挥着矿石外运的重要作用。

元朝时，台儿庄开始构筑简单的城垣，在城内建有三皇庙、玄帝庙等建筑，并逐渐形成了集镇，即"台家庄集"。

元、明时，黄河改道破坏了部分运河河道，京杭运河曾在徐州至淮安一段借黄河来运输漕粮，即"借黄行运"。但每逢汛期，黄河洪水泛滥，经常会导致漕运受阻，于是朝廷便想利用峄县境内的东泇河、西泇河水源开凿一条运河（泇运河）来运输漕粮，即"开泇济运"。隆庆四年（1570），翁大立首次提出开泇建议。万历二十九年（1601），在工部尚书刘东星、工部都水司夏镇分司主事梅守相主持下开通了上起沛县西柳庄（今微山大捐村西，已没入微山湖中），接南阳新河（夏镇新河），下至宿迁董家沟口（今宿迁支口乡董坝村）的330里长一段泇运河，并试运行。之后在万历三十二年（1604），总河侍郎李化龙、淮扬巡抚李三才继续开泇，开通了由夏镇经台儿庄到邳州的泇运河。到万历三十八年（1610）以后，泇运河已完全取代黄河运道，成为漕运的主要通道。

之后，北上的漕船都从泇运河走，南下漕船还走黄河。清康熙年间河督靳辅称赞说："明一代治河，莫善于泇河之绩。"

台儿庄随着泇运河的兴盛而逐渐繁荣。明万历三十四年（1606），当时的河道总督曹时聘奏请朝廷在台儿庄段运河沿线设置了邮驿、巡检司、河官、公署等，台儿庄开始成为该区域的中心城市。此后，明、清两代还设置了总河部院、东兖道、泇河厅、峄汛、台庄闸等运河管理机构，并在台儿庄设置了驻台庄巡检司、沂州镇标前营（后改为台庄营）、台庄闸汛等军事机构。

在运河的影响下，无数南来北往的客商来到台儿庄，将北方的燕赵文化、中原文化、秦晋文化以及南方的淮扬文化、吴越文化带到这里，将台儿庄建设成为融合南北的运河文化的代表城市。清朝乾隆皇帝下江南时，驻足台儿庄，感慨于此地的兴盛，留下"天下第一庄"的赞誉。

滕县保卫战："杂牌军"是怎么打出光辉战绩的？

时光不停地流淌，恍惚间，壮壮穿越时空，来到了台儿庄大战的那个年代。

齐鲁篇　异域王陵比邻谊　铁血运河爱国情

台儿庄地处苏、鲁交界，向北是打开山东的南大门，向南是通往徐州的最后一道屏障。京杭大运河从其中穿过，台儿庄在古代是运河漕运的枢纽，在近代又是陇海铁路、津浦铁路等数条铁路以及公路、水路的交会之地，战略位置极为重要，是历代兵家必争之地。

1937年12月，日本侵略军先后侵占了我南京、济南。为了达成其灭亡中国的狼子野心，日军决定以南京、济南为基地，从南北两端沿着津浦铁路夹击徐州。

当时的国民党第5战区副司令长官兼第3集团军总司令韩复榘，消极抗日，未战先逃，将济南、泰安等地拱手让于日寇。这不仅导致中国军队失去了抗击日军的黄河天险，还致使北段津浦路门户大开，使日军得以沿铁路线长驱直入危及徐州。

看着韩复榘那不管国家安危，只顾自己逃命的样子，壮壮恨不得枪毙了他。

枪炮声中，壮壮又来到了硝烟弥漫的滕县。

1938年，日寇向徐州进军。如果徐州落入日军手中，他们就可以向北控制华北平原，向南攻打东南沿海地区，向西进攻我国中原腹地，向东控制海港。

危急时刻，指挥整场战役的李宗仁因为无兵可派，只好调大家并不看好的川军122师到徐州北部的滕县去抵御日军。

川军122师不是蒋介石的嫡系部队，他们装备差、衣服破，好多人穿着草鞋，拿着土枪，还有很多人抽大烟。所以国民党的其他部队大多看不起122师，称他们是"杂牌军""叫花子军"。

但这次战役中122师却用全体将士的生命洗刷了人们原来的认知。

滕县对于日军攻打徐州很重要,他们对这一战也很重视。122师师长王铭章率领部队来到滕县不久,就受到了日军的猛烈攻击。

日军先用飞机对滕县进行了一轮疯狂轰炸,期望川军能够像韩复榘那样被吓得屁滚尿流,可是装备、物资都不如韩复榘的川军竟然没有一丝退缩。

接着,日军又派出3万多兵力,带着70多门大炮,开着40多辆战车,从东、南、北三面向川军固守的滕县发起了进攻。

在日军的大炮轰炸下,122师伤亡惨重,但他们用步枪、大刀、手榴弹,用自己的生命,抵住了日寇一次又一次的进攻。川军战士们一个个倒在战线上,鲜血染红了每一寸土地,但他们没有一个人撤退。

看着他们的战斗,壮壮心中的热血也在燃烧。他不会开枪,只好帮着将士们包扎伤口、修筑工事、搬运弹药。

眼看着战士们一个个倒下,师长王铭章也明白,这回估计是守不住了。他大声问战士们:"咱们守不住了,有谁想撤退吗?"战士们都不说话。

王铭章点点头说:"咱们撤了,可能会活下来,但咱们身后的无数百姓就要死在日本侵略军的刀下。咱们退了,可能活下去,但咱们这些牺牲的兄弟就白死了!"

"所以,咱们不能撤!咱们多守住一天,咱们后面的军民就能多一天的准备!"他大声道,"总有一天咱们要把鬼子都赶出中国去!这回咱们就算都死在这儿,也要把鬼子给我打疼了!让他们知道,咱们川军没有一个孬种!"

战士们一片嘶吼:"川军没有一个孬种!"

说罢,王铭章命人发出了122师的最后一封电报:为了国家和

齐鲁篇　异域王陵比邻谊　铁血运河爱国情

民族，川军不怕死亡，川军出川为的是将侵略者赶出中国，死有何惧！川军没有一个孬种！

接下来的战斗中，日军以强大的火力突破了滕县的城墙。122师的战士们与日军展开了惨烈的巷战，最终全部殉国。师长王铭章在战斗中身中数弹，他高呼着"抗战到底！"自尽殉国。

122师的滕县保卫战虽然最终失败了，但他们对日军的阻击为后面的军队布置留下了时间，为后来的台儿庄大捷创造了条件。李宗仁曾评价说："若无滕县之苦守，焉有台儿庄大捷？台儿庄之战果，实滕县先烈所造成也！"

台儿庄的危急时刻：是谁在背水一战？

伴随着枪林弹雨，壮壮来到了台儿庄一战最危急的时刻。

1938年4月3日，台儿庄里防守的中国军队已经伤亡殆尽，日军占领的地盘超过了2/3。此时驻守此处的孙连仲部损失惨重，剩下的军队不到3/10。

孙连仲打电话给李宗仁，请求撤出台儿庄，给第2集团军保留一点火种，否则打下去恐怕全军覆没。

李宗仁心中十分难过，他又何尝忍心让这些大好男儿死在战场上呢？只是援军未到，如果此时孙连仲部撤出，必然会导致台儿庄大战功亏一篑。所以他只能拒绝孙连仲，并严令他务必坚守到4日的拂晓。届时他本人也会来台儿庄督战。

孙连仲接到命令后没有抱怨什么，他知道，为了抗战的胜利，他们必须坚守到第二天的清晨，这是他哪怕牺牲也必须完成的任务。他向死守台儿庄的师长池峰城下令时说："士兵打完了你就自己填进去，你填过了，我就来填进去。有敢退过运河者，杀无赦！"

危急时刻，池峰城炸毁了通往台儿庄外的浮桥，截断了自己的退路，决心背水一战。接着，他组织了一支敢死队，夜袭日军。置之死地而后生的壮烈行为，激发了将士们的爱国斗志。他们竟然在枪林弹雨中，创造了一个奇迹般的战绩：一夜之间收复了台儿庄2/3的失地。

台儿庄大捷：中国军队的大反攻在什么时候发动？

无数将士以生命和鲜血守住了台儿庄，迎来了台儿庄战役大反攻的时刻。

1938年4月6日，李宗仁来到台儿庄附近，亲自指挥军队全线反攻。

孙连仲的第2集团军在左翼、汤恩伯的第20军团在右翼，完成了对日军的包围，我军大举反攻。

日军的第10军团、第5师团两支精锐部队在中国军队的围攻下仓皇逃窜。我军取得了抗日战争以来最大的胜利。

看着逃窜的日军，看着欢呼的中国战士，壮壮心中很是激动。想起那些牺牲的将士，壮壮心中又感慨万分，下定决心要像他们一样保卫祖国。

后来，台儿庄成为中国首座二战纪念城市，被世人誉为"中华民族扬威不屈之地"。如今，台儿庄大战遗址公园内仍保存着53处完好的战争遗迹，向人们展示着中国人保家卫国的不屈精神。

齐鲁篇　异域王陵比邻谊　铁血运河爱国情

台儿庄战役

古城重建：台儿庄是如何重建的？

2006年5月22日至24日，在于杭州召开的京杭大运河保护与申遗研讨会上，与会的枣庄市代表和其他沿运河6省（直辖市）18个城市的代表一起，通过了《京杭大运河保护和申遗杭州宣言》。这个宣言不仅掀开了大运河保护和申遗的序幕，也推动了台儿庄古城的重建工作。

2008年4月8日，枣庄市人民政府在纪念台儿庄大战胜利70周年的活动上正式宣布，启动台儿庄古城重建工作。

重建一座古城十分艰难。为此，枣庄市专门成立了古城抢救保护机构，搜集整理古城的相关材料。他们对古城的街巷、码头、驳岸以及各种风格的建筑做了全面深入的调查，并认真拍摄了现存历史遗迹、老建筑的照片，分类保存，最终整理出台儿庄古城的欧式、徽派、北方、江浙、山陕、广东、广西、福建八大类建筑风格。其间，他们重点调查了泰山行宫、文昌阁、大王庙、龙王庙、准提阁、南北清真寺等宗教建筑，确定了其建筑位置、风格、艺术、布局，绘制出部分建筑平面图。他们还通过各种途径，收集和整理了大量古城建设的参考资料，绘制、收集和整理相关图纸20余份，并分别编印、装订成册，为运河古城恢复建设提供了大量依据和参考。

古城重建需要大量的资金，但台儿庄古城的建设没有要政府的一分钱投资。在动工之前，当时的市政府领导找到5位民营煤矿的老板，请他们每家拿出10万吨煤入股。就这样50万吨煤变成了4亿元启动资金，完成了旧城的拆迁。之后通过与金融、房地产等相关行业的商业合作完成了台儿庄古城的建设。建成后，台儿庄古城的资产升值到30亿元。

2009年12月17日，经中央台办批准，大陆首家海峡两岸交流基地在台儿庄古城设立。

2010年5月1日，台儿庄正式开城。9月10日，国家非物质文化遗产博览园落户台儿庄古城。12月28日，台儿庄古城被国家文物局列为全国首个国家文化遗产公园。

2013年5月15日，台儿庄古城被批准为国务院侨办华文教育基地。8月5日，古城重建项目全面竣工。

现在，台儿庄古城内有18个汪塘和30华里的水街水巷，向世人展示着运河古城的风采。这里还汇聚了数百个国家级非物质文化遗产项目，让游人可以亲身体验活态的运河非遗文化。

第三章　济宁

运河怎么翻过山？

大运河纵贯南北，跨越了钱塘江、长江、淮河、黄河、海河五大水系，一路上通过了浙闽丘陵、长江中下游平原、江淮平原、山东丘陵、华北平原等多种地形。

随着地形的变化，运河有时会抬高，有时会降低，就像一条大龙，时而拱起脊背，时而弯下腰来。而济宁南旺就是大运河拱得最高的那处脊梁。

我们知道，水往低处流。可是当运河这条大龙拱起脊背时，水怎么流过高处呢？

这一天，壮壮来到南旺研学，想要找一找这个问题的答案。

站在运河"水脊"——南旺，壮壮不由得感叹古人智慧的神奇。这段运河跨越了整个京杭大运河的最高点，两端与中部的水位落差高达30米。

运河是怎么翻过这30米高的山岭的呢？壮壮想来想去也想不出个所以然。

不如穿越到古代去一探究竟吧，于是他按下时空穿梭眼镜的按钮，念起了穿越的口令："壮游大运河，神奇大揭秘。穿越！"

谁帮宋礼修运河？

在南旺分水枢纽戴村坝上轰隆作响的水声中，白光一闪，壮壮带着心中的疑问穿越到600多年前明朝永乐年间（1403—1424），成了工部尚书宋礼的小助手。（工部尚书是古代朝廷的重要官职，掌管着全国的屯田、水利、土木、工程、交通运输、官办工业等事务。）

当时元朝开凿的大运河会通河段，因为岸狭水浅已经不能使用，于是明成祖朱棣命工部尚书宋礼重修会通河。

宋礼统观全局，发现重修会通河的最大难点在于山东济宁的南旺河段。这里是运河全段地势最高的地方，想要让运河逆流而上，跨过30米的落差，谈何容易啊！并且还有一个大问题，那就是北方缺水，会通河已经修好的部分也因为缺水而不能使用。这两大问题难以解决，宋礼急得头发都要白了。

壮壮看到宋礼着急，于是建议他："宋尚书，我们在这里干着急也不是办法。人们常说'高手在民间'，不如我们去南旺实地考察一番，说不定能遇到可以解决问题的高手呢。"

宋礼听了觉得有道理，于是便和壮壮一起来到了南旺。

你还别说，经过宋礼和壮壮的一番考察，还真让他们找到了一个隐居民间的水利高手，他就是汶上老人白英。

白英是怎样帮助宋礼修建运河的？

宋礼和壮壮听闻汶上老人白英是一位精于水利的奇人，于是马

齐鲁篇　异域王陵比邻谊　铁血运河爱国情

宋礼、白英修建南旺分水枢纽

不停蹄地赶去拜会。

　　白英得知宋礼的来意，对他为国为民不辞劳苦的精神很钦佩，对他礼贤下士的态度也十分感动，于是拿出自己经过多年考察精心绘制的地图与宋礼一起探讨修建运河的策略。

　　"宋大人觉得南旺这段运河难修，是难在哪里呢？"白英问。

　　宋礼马上回答："白老，我觉得是高低落差大。"

　　白英摇头说："落差大，我们可以多建几座船闸，如同梯子一样，层层而上就可以解决。所以，这还不是最关键的问题。"

　　宋礼沉吟不语，一时间想不出更关键的问题是什么。

　　壮壮心中也很困惑，于是就问白英："白爷爷，究竟什么问题会比高低落差更难、更关键呢？"

白英听了哈哈一笑，提醒道："你想想，等我们建好了船闸，需要用什么才能让船闸顺利运行，好让船只通过呢？"

"需要用到什么呢？我想想……"壮壮忽然灵机一动，开心地说，"我知道了，是水。有了水船闸才能使用。没有水的话，船闸只是摆设。"

宋礼也恍然大悟："原来是水。我知道了，要让运河越过南旺就需要充足的水源补给，所以如何引水、蓄水才是修建这段运河的关键。"

白英抚着白胡子哈哈大笑道："正是如此。"

宋礼躬身施礼说："谢谢白老解惑！可是该从哪里引水？又该如何蓄水呢？还请白老指点迷津啊！"

白英连忙起身回礼说："哎呀，白某山野村夫可受不起大人如此礼遇。来来来，大人看看这幅地图就明白了。"

只见白英绘制的地图上，清晰地画出了南旺附近的运河、泗水、洸水、汶水（汶河）、马场湖、马踏湖、安山湖等河湖的地形、走势。

白英指着地图为宋礼解说自己的策略："要想修好这段运河，就要把握好'引、蓄、分、排'四个环节。"

"引就是引汶济运，先在戴村这里建坝截住汶水。"白英在戴村处的汶河部位画了一下修建水坝的位置，又向南旺画出一条线，边说，"然后再开凿引水渠，引汶河水到南旺，以供运河使用。"

"那该如何蓄水呢？"宋礼谦虚地请教。

"一方面是在汶河等河流筑坝蓄水。另外，我们可以疏浚马场湖、马踏湖、安山湖三个湖泊，再建好湖与运河之间的水闸，这样就

齐鲁篇　异域王陵比邻谊　铁血运河爱国情

南旺分水枢纽示意图

可以用三个湖泊来蓄积从汶河引来的水。"白英指了指三个湖泊说。

"那'分'是什么意思呢？是分水吗？水要如何分呢？"壮壮不解地问。

白英听了哈哈大笑，指了指从南旺向南和向北两个方向的运河，说："南旺处在运河最高处，向南、向北的运河都需要从这里给水（补给水源）。所以我们要在引汶河水进入运河的进水口对面建上石头护坡和分水拔刺（鱼嘴），这样既可以南北分水，又能避免泥沙的淤积，还能避免洪水的冲击。"

"白老的这个方法太好了！"宋礼赞叹道，"那最后的'排'呢？"

"'排'是指汛期的排水。汛期洪水来临，会有冲毁运河的危险，此时就要把多余的水排出去。"说着白英又指了指运河沿岸的几个湖泊，"汛期将多余的水排进沿岸湖泊中，等缺水的时候再放入运河。"

"这样真是太好了！"壮壮开心地说，"按照白爷爷的建议，我们一定可以修好运河。"

"是啊，按照白老的策略，我们完全可以让运河翻越山岭，建造出一个旷古绝今的水利枢纽。"宋礼满怀信心地说。

之后白老带着宋礼和壮壮，实地考察了南旺附近的泗水、洸水、汶水、马场湖、马踏湖、安山湖等河湖的情况。他们根据实际地形制订了科学的施工方案。

南旺枢纽最后修建成功了吗？

1411年，明代工部尚书宋礼采用白英的建议建成了南旺分水枢纽。

南旺分水枢纽，引来汶水，供给南旺附近数十座船闸使用，使得来往的运河船只可以通过船闸翻越30米高的"山岭"，并补给了南北方的运河用水，保障了漕运的畅通。

南旺分水枢纽工程，以漕运为中心，科学地解决了引水、分流、蓄水等技术难题，保证了大运河500多年的畅通，体现了当时我国领先于世界的水利技术，是京杭大运河上最具代表性的水利工程之一。

清朝末年，漕运废止，南旺分水枢纽也随之被荒废。

如今，唯余戴村坝、分水龙王庙等建筑遗存，而戴村坝现在仍在发挥着抗洪、引水、灌溉等作用。每到汛期，戴村坝水浪翻腾，宛如龙吟虎啸，成为一大胜景，被称为"戴坝虎啸"。为了保护南旺水利枢纽工程遗址，人们在这里建设了南旺枢纽考古遗址公园。该公园在2010年10月被批准为第一批国家考古遗址公园。

2014年，中国大运河申遗成功，南旺分水枢纽作为运河遗产点之一被列入世界文化遗产名录。

第四章　泰安

如何与孔子进行跨越古今的山河对话？

为大运河南旺分水枢纽供水的戴村坝位于泰安市东平县境内的大汶河下游。沿大汶河一路向上就到了泰山南麓。泰山安，则四海皆安。自古以来泰山便不只是一座雄奇壮丽的高山，更具有伟大崇高的文化意义。

它是我国最早的诗歌总集《诗经》的《鲁颂·闷（bì）宫》中"泰山岩岩，鲁邦所詹"的天险之地，它是多位帝王巡行封禅的岱宗，它有诗圣杜甫笔下"会当凌绝顶，一览众山小"的光风霁月，它有诗仙李白口中"天门一长啸，万里清风来"的豪迈洒脱。如今，它也是壮游大运河团队沿运河而上感受到的齐风鲁韵。

当泰山遇到大运河，如果说大运河是中华民族源远流长的血脉，那泰山便是炎黄后裔坚实巍峨的肩膀。

孔子登东山而小鲁，登泰山而小天下。今天，壮壮也要像孔子那样登临泰山之巅，近距离感受泰山的巍峨雄伟和独有风采，并通过攀登这座人生之路上具有重要意义的高峰，挑战自我，完成从运河到泰山的"山河对话"。

齐鲁篇　异域王陵比邻谊　铁血运河爱国情

泰安、曲阜与大运河

　　踩着蜿蜒的山路，望着崔巍的高山，壮壮心中想象着2000多年前孔子登临泰山的景象。孔子当时是怎么登上泰山的呢？孔子在攀登泰山的壮游中有什么收获呢？

　　不如穿越过去看一看吧，于是壮壮按下了时空穿梭眼镜的按钮，念出穿越的口令："壮游大运河，神奇大揭秘。穿越！"

什么是壮游？

一道白光闪过，壮壮穿越到了2000多年前的泰山脚下。只见一位身材魁梧、面目慈祥的老人和一位温文尔雅的年轻人正站在前面。

壮壮走上前去，向老人行了一个揖礼，问道："请问您是孔夫子吗？"

老人看到壮壮，有些惊讶地说："我是孔丘，这是我的弟子颜回。请问你是谁啊？怎么一个人来泰山啊？"

"我是壮壮。"壮壮有些激动地说，"我是来泰山壮游的。"

"壮游？"孔子身边的颜回有些疑惑，因为当时还没有"壮游"这种说法。于是颜回向壮壮行礼，然后问道："请问什么是壮游啊？"

"嗯……"壮壮挠挠头，想了一下说，"壮游就是胸怀壮志的远游。"

"壮游，胸怀壮志的远游。这个叫法真不错呢。"孔子听了，夸壮壮说，"你这么小的年纪，敢自己来爬泰山，确实很有勇气，真称得上是壮游了。"

"不过啊，泰山这边山高林密，难免有豺狼虎豹，不如你和我们一起登山吧。"孔子见壮壮年纪小，怕出危险，就邀请他一起登泰山。

"好啊！好啊！夫子您最有学问了，跟着您登山我一定能学到很多东西。"壮壮开心地说。

齐鲁篇　异域王陵比邻谊　铁血运河爱国情

孔子的壮游是什么样的？

春秋时期的泰山开发还比较少，处于较为原始的状态。这里草木茂盛，鸟兽成群，山上只有人们进山砍柴、打猎、挖药材踩出的几条山路。

山路崎岖难走，路面没有台阶，路边也没有扶手和护栏。没走一会儿，壮壮就有些累了，不过他看到孔子和颜回都在坚持往前走，就在心里说："我一定要跟上，不能掉队。"就这样，他们一口气走到了半山腰一处比较平坦的地方。

壮壮抬头四处看看，心想："这里应该就是后来的南天门了吧？"

"壮壮，颜回，我们在这边休息一下吧。"孔子回头说。

"好的，夫子。"颜回走上前去，仔细地把一块树下的石头清理干净，请老师坐下，"夫子，您坐在这里休息吧。"

孔子坐下后，颜回才和壮壮一起清理出一片地方坐下休息。颜回还拿出水壶，恭敬地请老师喝水。喝完水后他们一起聊天。

"壮壮，你为什么要来登泰山啊？"颜回问道。

"我喜欢壮游，喜欢挑战自我。"壮壮说，"登泰山对我来说是一个挑战，我要战胜自己，登上泰山！"

"哈哈！"孔子听了爽朗地一笑，说："壮壮真是勇于进取啊。'天行健，君子以自强不息。'你能勇于挑战自己，不断进步，可以说是一个君子啦。"

"夫子，'天行健'这句话是什么意思啊？"壮壮不解地问。

"这句话是我学习《周易》的一点领悟。你看，"孔子指了指天空中的太阳，说，"天上的日月星辰，每时每刻都在不停地运转，

177

可以说包含天地万物在内的整个宇宙都在运转不休。我们也要向天地学习，不断前进，自强不息。"

"哇！真的呢！"壮壮听了开心地说，"我出来壮游就是要心怀壮志，不断前进。"

"夫子曾教我'士不可以不弘毅，任重而道远'。"颜回恭敬地说，"人生也是一场壮游，我们每个人都有自己的理想、责任和使命，只有不改初心，恢宏志气，坚定地走向前路，才能实现自己的理想。"

"哈哈，颜回真是举一反三啊！"孔子欣慰地说，"其实，我也喜欢壮游。这些年我也曾多次胸怀壮志地去各国游历呢。"

"是吗？"壮壮眼睛一亮，"您最喜欢的是哪次壮游呢？"

孔子想了想说："最喜欢的不好说，不过让我受益最大、记忆最深的要数去周国向老子问礼的那次壮游了。"

"是吗？"壮壮好奇地问道，"您向老子问礼？我知道老子是很有学问的人，道家学派就是他开创的呢。可是，什么是'问礼'啊？"

"这个说起来可就话长喽。"孔子起身，说，"走，咱们一边爬山，一边慢慢说。"

于是，颜回和壮壮一起跟着孔子慢慢地走在山路上，听孔子讲起了他向老子问礼的那段往事。

什么是周礼？

孔子望着远方聚散浮沉的云海，回忆道："那一年，在鲁君的支持下，我和弟子南宫敬叔、子路从曲阜前往千里之外的周国洛邑

齐鲁篇　异域王陵比邻谊　铁血运河爱国情

（今洛阳），想要向周国的大学问家、守藏史老子学习周礼……"

"孔夫子，什么是周礼呢？"壮壮问。

"周礼就是周朝的礼乐制度。"孔子耐心地为壮壮解说。

随着孔子的讲述，一幅幅图景出现在壮壮的脑海。

原来在西周初期，武王伐纣灭掉商朝以后，不久就死了。周武王的弟弟周公（姬旦，也称周公旦）扶持武王的儿子周成王即位。当时周成王年幼不能处理政务，于是就由周公辅政，等周成王长大后周公再还政给周成王。

周公辅政时，根据当时天下的形势，制作出了一套礼乐制度。其中"礼"泛指当时的政治准则、道德规范和各项典章制度，"乐"是指配合不同阶层进行礼仪活动而制作的舞乐。礼乐制度建立以后，社会上各个阶层都按照适合自己的社会规范来做事，享受符合自己阶层标准的舞乐等待遇。

这种制度符合当时的生产力发展水平，能满足当时人们的需求，因此得到了大家的拥护，在以后的几百年里发挥了稳定社会、维护周朝统治的作用。

可是后来随着生产力的发展，新兴的地主阶级逐渐出现。这种礼乐制度已经不能满足人们的需求，很多人不再遵守这些制度。于是礼乐制度逐渐崩溃，被称为"礼崩乐坏"。

老子是怎么教孔子的？

"礼崩乐坏就是说人们都不遵守原来的礼乐制度了吗？"壮壮边走边问孔子，"这会有什么后果呢？"

"是啊，原来的礼乐制度人们不再遵守了，而新的制度还没有建立起来，所以各国之间互相征战，各国内部的人也为了利益互相争斗。这种情况下，百姓的生活很苦啊。"孔子满怀期待地解释说，"只有重新建立起礼乐制度，大家都遵守礼乐，这样天下才能太平。"

孔子生活于东周时代的春秋末期，他看到当时各国"礼崩乐坏"、社会纷争不断的情况，认为只有恢复周礼才能让社会重新回到西周时期那种社会和平安宁、人们安居乐业的状态。于是他就想去周国学习最正宗的周礼。

他在这里遇到了周朝的守藏史（相当于国家图书馆和档案馆的馆长）、道家学派的创始人老子（老聃）。

"老子是我敬佩的老师，也是我见到的道德境界最高的人，他就像传说中的神龙那样翱翔在烟云之中，见首不见尾。他的境界真是凡人难以企及啊！"在说到老子的时候，孔子感叹道。

"太厉害了！我在壮游大运河的过程中也遇到过很多优秀的老师，可是感觉他们都没有您说的这种境界啊。"壮壮好奇地问，"老子教给您周礼了吗？"

孔子说："老子崇尚'不言之教，无为之益'。他没有直接教给我周礼，而是让我去拜访乐师苌弘学习周朝的舞乐；去亲历郊社祭祀天地的仪式，学习周礼中的各种祭祀典礼；去考证明堂之上反映周朝发展历史的壁画和古人留下的训诫后人的文字，学习其中的历史知识，并汲取经验和教训；去体察后稷庙的规制、法度，体悟其中代代传承的精神。"

"夫子，老子直接教给您这些不是更简单吗？"壮壮不解地问，"他却让您先去看这些东西，多麻烦啊。您心里没有什么不满吗？"

孔子听了哈哈大笑："怎么会呢？要知道有的学问老师可以教

齐鲁篇　异域王陵比邻谊　铁血运河爱国情

给学生，可是有的东西只能让学生自己去领悟。就像你喜欢的'壮游'一样。如果你没有真正来到泰山，只是听人说泰山多高、爬泰山多难，你能真正体会到壮游泰山的艰辛和乐趣吗？"

"对啊，确实是这样。"壮壮听了恍然大悟，"夫子您说得太对了！只有自己亲自去尝试了，才能有真正属于自己的体会！"

"是啊，夫子曾教我'学而时习之'，好多东西即便是老师教给我们了，但在自己的实践、练习中还会有很多新的收获、新的体会。"颜回补充说。

"对对！这句话我也知道。"壮壮说，"子曰：'学而时习之，不亦说乎？有朋自远方来，不亦乐乎？人不知而不愠，不亦君子乎？'"

"哈哈哈哈！"孔子和颜回听了都哈哈大笑。

读古代的书有没有用？

孔子带着壮壮和颜回边说边走，不一会儿来到了一株巨大的松树下。这棵松树的树干很粗。壮壮和颜回试了一下，他们两个人手拉着手都抱不住松树的树干。

"哇！这棵松树好大啊！"壮壮惊叹道，"恐怕有几百岁、几千岁吧！"

孔子抚摸着松树，他的眼中满是追忆和缅怀，说："这棵松树恐怕经历过大禹治水、成汤建商、武王伐纣等历史。可惜，我们回不到那个年代，只能去古籍中探索那些时代的文化了。"

"您看过很多古代的书吗？"壮壮好奇地问。

"是啊，我喜欢读书、喜欢学习，周游列国时，只要有机会我都会去拜访各国的学者，去阅读各国收藏的书籍、史料，也会走访各地的风土民情，从中学到了好多学问。"

壮壮听了高兴地说："我也最喜欢看书了，壮游大运河的时候，我还在宁波的天一阁藏书楼读书了呢。那里也有好多书。"

孔子听了连连夸赞说："每个人都应该多读书。"

接着他叹了口气说："我在周国看书的时候，有人曾劝我说，读这些古书只能长点学问，但对安定天下没有什么用处。"

壮壮纳闷地说："怎么会没用呢？书里记载了好多知识呢。"

孔子点点头说："我也觉得读书有用，可以从中汲取前人的经验，然后用到现实生活中，这样就能找出治理天下的好办法。可是他们却认为，社会情况已经不同了，礼乐已经崩坏了，那些古书也就没用了。"

壮壮听了，皱起眉头说："社会在发展，古书上的办法适合古代，却不一定适合现代，要是完全按照古书上的说法来做事肯定是行不通的，但古书的记载中有着古人的经验和智慧，我们找到其中古今不变的、相通的东西，然后用于现在不就可以了吗？"

孔子听了不由得一愣，忽然他双手一拍，哈哈大笑说："壮壮啊，你真是一个善于思考的孩子。"

他坚定地说："读古书不是没用，周礼也不是没用，但我们不能食古不化，要从中找出千古不变的真理，找出能够适应当下社会、能解决当下社会问题的方法。"

旁边的颜回郑重地施礼说："我愿意这样去做。"

孔子为何登泰山而小天下

壮壮他们休息了一会儿，便又开始向上攀登。虽然他们都有些

齐鲁篇　异域王陵比邻谊　铁血运河爱国情

孔子登泰山

疲惫，但有个目标在激励着他们，那就是登上泰山的山顶。没有比脚更长的路，没有比人更高的山。泰山虽高，但高不过他们勇于攀登的心。

壮壮三人终于登上了泰山最高处的玉皇顶。此时的玉皇顶还没有玉皇庙，更没有孔庙和孔子小天下处等碑刻。

只有脚下嶙峋的怪石、耳边飒飒的山风、头顶高悬的红日和眼中一望无际的山河、聚散卷舒的云海。

望着眼前的胜景，孔子、颜回、壮壮三人都久久无语。此刻他们已经沉浸在自己的内心深处，仿佛整个人和泰山、和云海、和整个天地融为一体，种种感悟浮现在他们心头。

"原以为如果我登上泰山，我会骄傲、自豪，可是站在这泰山顶上，我反倒感觉自己是那么渺小。"壮壮说，"天地自然是那么伟大，在它们面前，我们人类渺小得像沙砾一样。"

"登高必自卑，行远必自迩。"颜回说，"夫子曾教导我们，就像登高要从低处开始攀登，就像再远的旅行也是从近处一步步走过去的，践行我们儒家的仁、礼等思想，也要从身边的一点一滴做起。"

孔子听了壮壮和颜回的话，点了点头说："我曾经登上东山，感觉鲁国变得很小；现在登上泰山，我感觉整个天地都小了。"

"夫子，您是说从高山上看下去，山下的东西都变小了吗？就像那边看上去变得很小的城池一样？"壮壮指着山下说。

孔子摇摇头，望着山下的云海和山川大地，说："登得越高，看得越远，眼界也越开阔。泰山是传说中古代黄帝、尧、舜、禹等圣人的封禅之地，更是意义非凡。我们站在这泰山绝顶，一眼看去觉得整个天下似乎都小了。其实，我们做事、做学问也是这样，唯有做到高处，才能豁然贯通，看清世间万物，找到那千古不变的真理。这个时候，整个天地就好像在自己的手心中一样了。"

"哇，这个境界太高了！"壮壮感叹说。

"泰山是这天地中的泰山，而夫子是我心中的泰山。"颜回恭敬施礼说，"我虽然达不到您的境界，但心中无限向往。我会像今天登泰山一样，一步步向着您崇高的境界前进，永不停息！"

壮壮三人看着泰山胜景，讲述着各自心中的天地，坐在山顶的巨石上休息了一会儿。

孔子看着天色不早了，就站起身来，对着云海微微施礼，回头说："时辰不早了，我们该下山了。今天与壮壮同学的谈话，让

齐鲁篇 异域王陵比邻谊 铁血运河爱国情

我很受启发。下山后我要重新整理古代的《诗经》《尚书》《礼记》《周易》，编订史书《春秋》，把古书中那些千古不变的道理找出来，教给学生们，也留给后人。有了这些东西，即便我们现在改变不了这个纷争的社会，但总有一天能让天下太平，能让世上的人都和谐相处。"

"您一定能做到的！"壮壮激动地说。

孔子点点头，看着壮壮说："心中怀着这份理想，再去看这世间的荣辱得失，还有什么值得挂怀的呢？只要向着真理而去，哪怕知道会有暂时的失败，又何妨明知不可为而为之呢？"

后来孔子下山后继续招生讲学，广纳三千门徒，还修订了《诗》《书》《礼》《易》《春秋》等经典，开创了儒家学派。孔子还明知不可为而为之，怀着济世救民的壮志，周游列国，宣传儒家的思想，完成了中国历史上意义重大的一次"壮游"。

虽然当时的统治者并没有采用孔子的思想，但孔子思想的影响却极为深远。后代儒家学者在孔子思想的基础上，一步步发展和完善儒家的思想体系。随着社会的发展，在西汉时儒家成为最受重视的学术，甚至到了"罢黜百家，独尊儒术"的程度。它之后更是影响了中国乃至整个世界几千年。

而孔子也被后人誉为"大成至圣先师"，列为"世界十大文化名人"之首。

约2500年后，英国的汤因比博士在《展望21世纪》一书中说道："拯救21世纪人类社会的只有中国的儒家思想和大乘佛法，所以21世纪是中国的世纪。"

第五章　德州

外国国王为何会葬在运河边？

过苏禄国王墓

清·顾炎武

丰碑遥见炳奎题，尚忆先朝宠日碑。
世有国人供洒扫，每勤词客驻轮蹄。
九河冰壮龙狐出，十二城荒白鹤栖。
下马一为郯子问，中原云鸟正凄迷。

山东德州，清幽古朴的苏禄王墓庄严肃穆地伫立在南运河畔。这位600多年前的异域国王似乎一刻也未停止地注视着滔滔大运河，等待着他的子孙们再次渡海而来，沿运河北上，与中国这个伟大的国度缔结永久的友谊。

壮壮沿着大运河来到山东德州研学，此时他来到了运河边的苏禄王墓。

壮壮静静地鞠躬行礼，在苏禄王的墓碑前献上了一束鲜花。

苏禄王是古代苏禄国（今菲律宾的苏禄群岛）的国王。可是，

齐鲁篇　异域王陵比邻谊　铁血运河爱国情

这位外国国王为什么会葬在中国的运河边上呢？

还是穿越到古代去寻找答案吧！于是壮壮按下时空穿梭眼镜的按钮，念起了穿越的口令："壮游大运河，神奇大揭秘。穿越！"

壮壮接到了什么任务呢？

一道白光闪过，壮壮穿越到了600多年前的明朝永乐年间（1403—1424）郑和下西洋的舰队之中，成了郑和麾下一个小队的队长，负责协助郑和访问沿途各国，与各国建立友好关系。

此时，郑和正在召集各小队队长议事。

"我们此次出航，用所带的丝绸、瓷器换来了不少异域的金银、香料、奇珍异宝等物，还记录了沿途各国的风土人情，见识了与我中华截然不同的文化，可谓不虚此行！"郑和简单说了舰队近期的收获，大家听了都很开心。

"更重要的是，我们前期到访的吕宋、爪哇、勃泥三国已经派遣使者前往京城朝贡。这是当今圣上最为看重的一点。不过仅仅这三国可还远远不够！大家休整几天，补充好淡水、食物，我们要继续前行，把我们大明的威名传遍天下，让天下万国来朝！"郑和高声说道。各小队长齐声应诺。

"现在就有一个国家，离我们航线最近。这个国家名为苏禄，地处勃泥之北，听说那边现在正有三个人在争夺王位，长年纷争不断。我们需要派遣一名使者前往，帮助他们结束纷争，说服他们前往大明朝贺。不知诸位有谁愿往？"郑和问道。

"我等愿往！"各位队长齐声回答。

"好，那这个任务就交给壮壮队长吧。这把尚方宝剑乃是圣上所赐，代表着我大明威严。我将它暂交于你，由你代表我大明出使苏禄国。"郑和说着，解下腰间的宝剑双手高举，交给壮壮。

壮壮俯身行礼，双手过顶接过宝剑，也接下了出使苏禄的任务。

苏禄国王为何会来中国呢？

在郑和的派遣下，壮壮带领着一支船队，出使苏禄国。

当时苏禄国有三个人在争夺王位，分别是东王巴都葛叭哈剌、西王麻哈剌叱葛和峒王巴都葛叭剌卜。听说大明使者来访，三人纷纷前来拜会，送给壮壮珍贵的礼物，想要大明支持自己消灭另外两人。

壮壮知道自己身为大明使者，不能干涉他国的内政，他能做的就是调停三人的纷争。于是他拒不接受三人的礼物，而是把他们邀请过来一起谈判。

三个人坐在一起，谁也不服气，一个个吹胡子瞪眼，都快打起来了。

壮壮吩咐侍从给他们上茶。三人喝着甘醇爽口、香气宜人的茶水，果然安静了下来。

"三位大王都是人中豪杰，不知有没有听说过我们中国历史上三国时期的三位盖世英雄？"壮壮问道。

三人一听，心说，别的我不知道，但《三国演义》我可是挺熟的，于是一个争抢着说曹操，一个抢着说刘备，一个抢着说孙权。说完还狠狠瞪着彼此，怪对方抢答了。

壮壮夸赞道："三位大王真是知识渊博啊！诸位可知道，这三

齐鲁篇　异域王陵比邻谊　铁血运河爱国情

位英雄斗争一生最后是谁赢了呢？"

三位苏禄国的大王低头沉思，一个说都没赢，一个说都输了，一个说都输给了司马懿。

壮壮点点头，又问："那我问三位大王一个有点不礼貌的问题，不知道三位大王觉得自己和曹操、刘备、孙权相比，是谁更厉害一些呢？"

三人一听急忙站起身来，连连摇头摆手，说自己万万比不过曹操、刘备、孙权三位大英雄。

"那么我请大家想一想，纵然像曹操、刘备、孙权这样的大英雄，互相争斗下去，最终还是便宜了别人。那么三位大王要是继续争斗下去的话，会便宜谁呢？"壮壮真诚地说道。

三人一听，脸刷的就白了，冷汗顺着脸颊流下来。

三人相视一眼，忽然齐齐对壮壮行礼，感谢道："先生真不愧是天朝使者，一语点醒了我们三人。只不知我们苏禄眼下的纷争该如何解决啊？"

壮壮躬身回礼，回答道："这本是苏禄内政，我身为大明使者不便多言。我大明更不会干涉贵国内政。不过，我听说三位大王都很仰慕我中华文化，何不以长者为尊，三王共治，你们三人共同来治理苏禄呢？"

三人听了齐声说好，定下了三王共治的政策，并以年龄最长的东王巴都葛叭哈剌为尊。

见三人放下纷争，言归于好，壮壮趁机传达了永乐皇帝真诚交好各国的意愿，申请与苏禄贸易通商，并邀请三王一起去中国朝贡。

三王其实以前就听说吕宋、爪哇、勃泥等国去大明朝贡，获得

壮游大运河

苏禄王来访

了金银、绸缎、瓷器、茶叶等无数赏赐,还得到了大明政治上的支持,心中早就羡慕不已了。这次得到了使者的邀请,三人都开心地答应了下来。

于是他们安排好国事之后就带上家眷随壮壮一起前往大明朝贡。

苏禄王为什么会葬在中国?

据《明史》记载,永乐十五年(1417),苏禄东王巴都葛叭哈剌、西王麻哈剌叱葛、峒王巴都葛叭剌卜,偕家眷、官员等共340多人到明朝朝贡。

齐鲁篇　异域王陵比邻谊　铁血运河爱国情

苏禄三王带领使团克服重重艰险，闯过大海上的狂风巨浪，来到中国东南沿海，而后经杭州、扬州沿大运河北上去北京。

永乐十五年（1417）八月初一，苏禄朝贡的使团到达北京，为明成祖朱棣献上了珍珠、宝石、玳瑁等礼物。明成祖设下隆重的国宴接待苏禄的三位国王，还举行了册封仪式，封他们为大明的藩王，同样按照大明的礼仪制度，赐给了他们藩王的诰命、袭衣、冠带、印玺、鞍马、仪仗等，就连随行的使团人员也都得到了非常丰厚的赏赐。

在明成祖的安排下，苏禄国使团在北京游玩了一个月的时间。之后，苏禄使团才乘船沿着大运河南下，准备通过运河到达扬州、杭州，然后出海回国。

可是，因为身体原因，加上水土不服、旅途劳顿等，苏禄东王巴都葛叭哈剌在离京不久就身患重病。当年九月十三日，在到达山东德州时，苏禄王不幸病逝了。

苏禄东王十分仰慕中华文化，临终前要求家人把他葬在中国。

明成祖听到消息之后，很悲痛。他答应了苏禄使团的请求，并亲手书写了悼念苏禄东王巴都葛叭哈剌的悼文，赐他谥号"恭定"，并以安葬藩王的礼仪把巴都葛叭哈剌安葬在山东德州，完成了苏禄东王的遗愿。

后来，苏禄东王的长子督马含和西王麻哈剌叱葛、峒王巴都葛叭剌卜率领使团回到了苏禄。督马含继承了苏禄东王王位。

而苏禄东王的王妃葛木宁和次子温哈喇、三子安都鲁，还有十余个侍从留在德州守墓。后来他们去世后，也都安葬在了苏禄王墓的附近。而他们的子孙则接过守陵的职责继续守护在这里，直到如今。

随着历史的发展，苏禄王的后代和中国人相互融合，基本看不出什么区别了。历史上，苏禄王的后裔也曾多次申请加入中国国籍，但起初由于各种原因没有获得批准。直到1713年，清朝的雍正帝才最终允许苏禄王的后裔以温、安二姓加入中国国籍。所以，现在苏禄王留在中国的后裔和我们一样都是中华民族的一员了。

历史上苏禄王在国外的后人也曾多次来到运河边的苏禄王墓进行祭拜。后来苏禄国并入菲律宾，菲律宾国家领导人来中国访问时也多次来苏禄王墓参观、祭拜，追忆中菲两国友好交往的悠久历史。

运河上还曾有过哪些中外国际交流呢？

运河纵贯南北，方便了南北方的经济、文化交流，同时大运河连通了陆上丝绸之路和海上丝绸之路，也成为无数国际友人在中国交流、经商的通道。在古代运河上就经常会有各国的使者、商人乘船来往。

运河上的中日交流

隋唐时期，日本就曾多次派遣使者来中国学习先进的文化、技术。日本使者来中国有北、中、南三条路线，其中的中路和南路两条路线都要经过大运河。

中路是由日本跨海西行，到长江口岸或苏北沿海登陆，到达扬州或楚州（今淮安），再通过隋唐大运河（邗沟和通济渠部分）继续行船，经汴州、洛阳抵达长安。

齐鲁篇　异域王陵比邻谊　铁血运河爱国情

南路是从日本渡过东海,向南到明州(今宁波)或浙江沿海地区登陆,再沿钱塘江或浙东运河到杭州,由此通过隋唐大运河到达长安。

唐代高僧鉴真六次东渡中的第二、第四、第六次都是从运河边的文峰寺登船出发。鉴真东渡不仅将佛教律宗传入了日本,还带去了建筑、雕塑、绘画等方面的技术和艺术。

马可·波罗的运河之旅

元朝时,意大利威尼斯的旅行家马可·波罗,曾跟着父亲和叔叔沿着丝绸之路来到中国。他曾在大运河沿岸广泛游历,在《马可·波罗游记》中详细记载了扬州、苏州、杭州、临清等运河沿岸城市的丰富物产,甚至他还曾在运河之都——扬州做过三年官。

运河上的中朝、中韩交流

明洪武二十二年(1389)八月,高丽(今朝鲜半岛)使臣权近沿大运河北上朝贡,路过淮安清河驿时,看到黄、淮、运三河交汇的壮观景象,心中震撼,写下了一首诗:

> 浩浩三河口,风涛怒拍天。
> 孤樯危自裹,轻缆弱难牵。
> 不欲凌波上,唯思泊岸边。
> 顺流犹未易,注目正茫然。

高丽使者用他的诗词记录了运河上的中朝、中韩交流。

运河上的英国使团

英国使团是第一个完整游历京杭大运河的外国使团。1793年10月7日，英国使团从北京通州上船，用33天游历了中国的大运河。英国使者马戛尔尼在日记中写道："我们的帆船进入了皇家大运河，它是世界上最古老的运河。它流过高山，穿过谷地，还与众多河流湖泊相交。"

此外，运河上还曾来过意大利旅行家鄂多立克、耶稣会传教士利玛窦、英国汉学家理雅各、著名传教士汤若望、法国人金尼阁等无数来自各国的国际友人。他们把西方的科技、文化通过运河带给中国，也把中国的文化通过运河带给世界各国，促进了中外文化的交流。

古运河迎来新交流：世界运河历史文化城市合作组织

历史在不停地发展，运河上的中外交流也从未停止过。

2007年，世界运河名城博览会在扬州举行，来自世界各国的运河城市代表在这里互动交流，共同探讨运河城市在经济、社会、文化建设等方面的经验，加强了各国在运河文化遗产保护、城市经济建设等方面的合作。

此后，中国扬州世界运河名城博览会暨论坛活动连续成功举办了很多次。在此基础上，还诞生了一个国际合作组织WCCO。

WCCO全称是世界运河历史文化城市合作组织，于2009年9月25日，由国家民政部批准，在扬州正式成立。WCCO的成立为世界运河城市扩大交流、加强合作提供了重要平台，为世界运河城市在文化、经贸、旅游等领域的国际合作提供了很大帮助。

齐鲁篇　异域王陵比邻谊　铁血运河爱国情

模拟联合国大会是怎样的？

　　2018年7月23日，壮壮和壮游大运河的6对父子以及28位扬州大学的学子一起在扬州举办了一场模拟联合国大会。

　　会议在世界运河名城博览会永久会址的苏伊士运河厅举办。由6对父子与6名大学生组成团队，分别代表中国、美国、日本、印度、英国、西班牙6个拥有运河的国家，共同探讨大运河遗产的保护等问题。

　　会议主席说："印度代表队发起一个动议，进行有组织核心磋商，时长为5分钟，每个代表1分钟，动议的议题为'京杭大运河保护举措'，请问场下有无附议？请支持该动议的代表高举国家牌。"

　　原来，动议就是指会议成员提出的建议采取某一行动的正式提议。动议提出后，参会人员可以表示支持或反对。按照这次模拟联合国会议的规则，动议只要获得总参会国数量6个的2/3，即4个支持，该动议便获得通过。

　　会上，其他5个国家代表都举了各自国家牌表示支持该动议。壮游大运河的孩子们通过这样一个过程，了解了国际惯例下通行的议事规则。

　　接着，动议通过，各国的代表们要逐个发言。

　　首先发言的是中国的代表程行。

　　程行："主席好，这里是来自中国的声音。我们在运河沿岸用瓶子取过运河的水，发现水很脏。我一路看到运河里有大量的船排出了污水，沿岸的工厂也往运河里排放废水。"

　　程行同学接着说："我们的主张如下：希望大家节约用水；制作大运河的宣传片；还可以把大运河的图片、相关知识介绍贴到杯子上，买了杯子的人就可以了解大运河，产生保护大运河的意识；还可以造一艘专门清理垃圾的船打捞河里的垃圾。"

这时，日本的代表也给出了他们的意见："日本的运河沿岸森林覆盖率高，是中国的三倍。森林可以积蓄水源，保护河流，所以日本建议中国可提高运河沿岸的森林覆盖率。同时日本的公民环保意识很强，对运河的环保工作起到了很大的作用，所以也建议中国进一步提高公民的环保意识。"

接着各国的代表纷纷发言。

西班牙的代表陈薛诺说："我是来自西班牙的代表，我们建议在大运河旁边建绿化带、娱乐设施，把运河边打造成景区，让人们可以在此休闲娱乐，让人与运河和谐相处。"

代表印度的李隆呈说："我是印度的代表，我们建议定期清理大运河中的脏东西，保持河道畅通和清洁。"

美国代表黄婉依说："我是美国的代表，我们建议把保护大运河的思想写出来，放到报纸上，让全民参与讨论，汇集大众的智慧，选出最适合民意的方案。"

接下来，壮游大运河的孩子们和扬州大学的学子们代表各个国家，一起就大运河的保护等议题进行了充分的讨论。

会议中孩子们的表现，获得了会议主席的赞赏。

他说："大家已经把自己的观点提升到了国家政策的层面，参与度和会议质量都是非常高的。我们了解了国际会议的议事规则和思考问题的国际化视角，进步很大。"

各位家长也都觉得这次模拟联合国大会对孩子们很有用。

婉依的爸爸说："让孩子了解规则，产生规则意识，是参加这次模拟大会最大的收获。"

隆呈的爸爸说："我和孩子都没有体验过这样正式的会议，还真是长了见识，感觉很棒。"

就这样，注重国际规则、拓展国际视野、秉持国家利益的模拟联合国大会舞台，为孩子的个人成长，各方面能力的提升，种下了一颗种子。

【京津冀篇】

太空传下神州照
运河漂来紫禁城

第一章　沧州

谢家坝蕴含着什么样的家国情怀？

壮壮沿着大运河一路向北，告别齐鲁大地壮丽的山川，来到了千里沃野的燕赵大地。这一天，他来到了沧州地区。在这里壮壮发现运河拐出了许多弯道，还在沧州形成了一个"Ω"形的河湾。

原来，大运河沧州段因为地势高低落差较大，水流很急。为了减缓水流的速度，人们想出了"三弯抵一闸"的办法，在运河上设置了很多弯道。与直的河道相比，弯曲的河道更长。这样，同样距离的河道内，高低落差就会变小，水流在弯曲的河道中速度就会减慢，方便了人们行船运货。

但弯曲的河道也加剧了水流对河道两边堤岸的冲刷。尤其是在夏季，华北地区降雨增多，大量的雨水汇集到运河中形成洪水。汹涌的洪水往往会冲毁堤坝，造成水灾。为了避免水灾的发生，人们把沧州运河两岸的堤坝都修筑得很坚固，还修建了捷地减河，让它根据运河水位的高低来分担运河河道里过量的雨水。

此时，壮壮就来到了著名的东光县谢家坝。在明媚的阳光中，谢家坝前的运河水静静流淌，早已不复往日的波涛汹涌。

触摸着坚实的夯土坝身,壮壮心想:"谢家坝究竟是谁建造的?坚固的堤坝又是怎么建造出来的呢?还是穿越到过去一探究竟吧!"于是他念起了穿越的口令:"壮游大运河,神奇大揭秘。穿越!"

洪水来了怎么办?

一道白光闪过,壮壮穿越到了300多年前的清朝康熙年间,成了原云南禄劝知州谢宗妨身边的一名小书童。

此时谢宗妨任期已满,告老归乡,他带着谢氏家族,迁居到了沧州连镇。当时连镇也称"连窝",是运河上重要的一处水陆大码头,是运河沿岸重要的物资集散之地。这里便利的运河交通和繁荣的商贸吸引了许多家族来此定居。《读史方舆纪要》中记载:"马头镇,(东光)县西三里,下临卫河,又县西南三十里为连窝镇,即吴桥县界连窝驿也。与县北二十里之下口镇皆卫河所经,商旅凑集于此。"

初来此地的谢宗妨受到了邻里们的欢迎,得到了乡亲们的许多帮助。谢宗妨是一个知恩图报的人,心中想着要做点什么事来回报乡亲们。

这一天,谢宗妨带着壮壮在运河边散步,恰巧看到几位老人在指着运河的堤坝说着什么。走近细听,原来这一段的堤坝年久失修,已经不够坚固。几位老人担心,等夏天到了,这里的堤坝可能抵挡不住洪水的冲击,一旦决堤,连镇百姓的许多房子都会被冲毁。

"唉,这里的堤坝不够坚固,万一洪水来了可怎么办啊!"一个老人叹息道。

谢宗枋在外为官时曾经督理闸、坝的建筑,对蓄洪、抗洪有着丰富的经验。他走上前去仔细观察了这段河道的走势、河水的水势和堤坝的破损情况。

观察一番之后,谢宗枋才点头说:"老伯,您说得对,这段堤坝确实该修了,否则夏季会有决堤的危险。"

"那这堤坝该怎么修啊?"老人问。

"我在南方为官时曾负责过大坝的修建,当时我们用熬煮的糯米汁与石灰、黄土等混合逐层夯筑坝身,修成的堤坝十分坚固,连钉子都钉不进去。"谢宗枋说,"我们可以在这一带筑起糯米坝,就不用担心洪水的侵袭了。"

筑坝的钱从哪里来?

"修堤坝可不是一件小事啊。"老人说,"买糯米恐怕要花许多钱,还有修堤坝要用到的人力、物力都很多。这些钱从哪里来啊?"

有的人说让官府来出钱,老人摇头说:"官府恐怕不会给我们那么多钱来修坝。"

有的人说可以让乡亲们集资,老人接着摇头说:"可以试试,可是我们老百姓又能拿出多少钱呢?"

一时间大家都犯难了。

这时谢宗枋开口说:"这修堤坝的钱就由我们谢家来出吧。"

"啊?"老人惊异地说,"你没开玩笑吧?这可不是个小数目啊!"

"老伯放心。"谢宗枋恳切地说,"自从我们谢家一族来到连镇,一直受到各位乡亲的帮助。我们一直想着要为咱们连镇做点什么事,也算报答乡亲们。恰好这段堤坝需要修建了,这是上天给我谢家回报大家的机会。再说我们定居连镇,连镇就是我们的家乡,为自己家乡做点事也是理所应当的。所以我愿意把多年的积蓄拿出来,购买糯米,修建这座堤坝。"

"好!"老人感激地说,"谢先生是真君子、大善人啊!我代乡亲们谢谢您啦!"其他几位老人也跟着满口称赞。

"那好,我这就安排谢家子弟去南方购买糯米。还请各位老伯帮我通知乡亲们。咱们组织好镇里的青壮年,等糯米到了,就开始修筑堤坝。"

"好!组织人手的事就交给我们几个吧。"老人说,"我们一定每家都通知到。"

"修筑堤坝是保护连镇的好事,是功在当今、造福后世的大好事!"一位拄着拐杖的老人说,"谁敢不支持我拿拐杖敲他。"

大家听了哈哈大笑。

十几天后,谢家子弟带着几船糯米回到了连镇,连镇的乡亲们也做好了筑坝的准备,于是修建大坝的工程就轰轰烈烈地展开了。

青壮男子搬运木石,挖土、和泥,夯筑大坝;各家妇女都把自家做饭的锅贡献出来熬煮糯米汁;老人们帮着烧火;就连娃娃们都帮着给各家灶上送柴火,给在工地劳作的乡亲们送饭食。

就这样沧州的运河畔炊烟四起、号声阵阵,乡亲们同心协力终于筑起了一座大坝。这座大坝约有218米长,像一条巨龙俯卧在运河边,挡住了咆哮而来的运河水。为了纪念谢家的义举,人们将这座大坝称为"谢家坝"。

京津冀篇　太空传下神州照　运河漂来紫禁城

修建谢家坝

谢家坝建成之后，这里的运河就再也没有决堤过。这不仅是因为谢家坝坚固耐用，更因为以谢家为代表的连镇乡亲们历代以来不断地维修、加固。

千里大运河原本是国家兴建的巨大工程，体现着国家的意志、民族的精神。在谢家坝这里却又添加了一段民间百姓自发修建的运河堤坝工程，中国百姓那浓浓的家国情怀就这样悄然汇入了大运河的精神之中。

2006年5月25日，谢家坝被国务院批准列入第六批全国重点文物保护单位名单。2012年，当地政府按照"修旧如旧，不变功能，不改原状"的原则，对谢家坝进行整修加固时，工人们发现根本没

壮游大运河

有办法把尖钉敲进去，不得已只能改用电钻打孔加固。2014年中国大运河被列入世界遗产名录，谢家坝成为首批列入名录的58个大运河遗产点之一。

2021年6月底，谢家坝水工智慧博物馆建成。馆内设置了世界奇迹、济运护漕、南运雄风、京杭保障4个部分的陈列，通过实物、文字、图片、模型等形式更好地展示大运河的水工智慧。

新时代，谢家坝已经成为一张中国大运河文化的名片，向世人传递着大运河的水工智慧和运河儿女的家国情怀。

为何还要修减河？

谢家坝建成后连镇乡亲们脸上都洋溢着灿烂的笑容，大家都觉得，有了这座大坝，洪水就再也危害不到连镇了。只有谢宗枋脸上还带着一丝愁容。

壮壮不解地问："先生，大坝建好了您怎么还不开心啊？"

谢宗枋摇摇头说："我们这里有谢家坝挡住洪水，可是洪水还是会沿着运河前进，运河沿岸有很多地方没有这么坚固的大坝啊。一旦滔滔洪水遇到不够坚固的堤坝，就会再次决堤，形成水灾。"

"那怎么办呢？"壮壮担心地问，"我们要去建更多大坝吗？"

谢宗枋想了想说："治水之道，堵不如疏。我们不能一味地建大坝堵水，要想办法把多出的洪水从运河里排出去。这样运河里的水减少了，就不会决堤了。"

"就是要在运河边再挖一条河吗？"壮壮问。

"是的。"谢宗枋说，"明弘治三年曾经开挖过一条横跨黄骅、沧州，将运河洪水排往渤海的减水河，就是捷地减河。可惜后来这条减河淤塞废弃了。"

"那我们可以重新疏浚这条捷地减河吗？"壮壮急切地追问。

"捷地减河的疏浚，关系到附近好几个州县，这是一个比谢家坝大很多的工程啊，不是我们民间百姓可以发起的，需要国家各个部门的协调配合。"谢宗坊摇摇头说，"何况我们也没那么多钱来支持这么大的工程啊！"

"那先生您可不可以向朝廷建议疏浚减河呢？"壮壮提出建议。

"这个主意不错！"谢宗坊点点头说，"那我就写信给在工部做官的朋友，看看他们能否向圣上进谏疏通捷地减河吧。"

谢宗坊很快就把疏浚捷地减河的建议信写好了。壮壮接过信就向码头跑去，要找人将信带到京城。

码头上恰好有个乡里的书生要搭船去京城赶考，他听说这是谢宗坊写给工部建议疏浚捷地减河的信，二话不说就接过信，保证会把信送到工部。

捷地减河开挖于1490年（明弘治三年），原称减水河，也叫砖河。因与沧州北边的兴济减河相对，又称南减河。在明朝末年淤塞，被废弃。

后来在清雍正、乾隆、道光年间屡次疏浚。公元1771年春，乾隆帝下江南时在捷地减河闸口下船观看分水河闸，并留下碑文，就是"捷地乾隆碑"。

道光二十四年（1844），减河河道裁弯取直，接近于现在的捷地减河线路。

后来在同治、光绪时又曾多次疏浚，这条减河一直在发挥着作用。只是由于河道淤积，堤防年久失修，到20世纪50年代初，这条减河的泄洪能力仅为100立方米每秒。

新中国成立后，1956年将捷地减河改为由沧浪渠入海，之后曾在1963年、1965年、1967年和1972年多次对捷地减河进行疏浚、整修，使得减河泄洪能力达到180立方米每秒的设计分洪流量。

在1982年至1985年，又完成了捷地减河286千米堤防的整修及相关河道的清淤工作，并对相关闸、涵、桥梁进行了维护、改建、重建。

2000年根据水利部引黄济津输水规划方案，加固整修了南运河输水河道，捷地分洪闸也得到了加固整修。2006年又建了捷地分洪新闸，原闸停用。

现在，捷地建起了捷地减河生态文化带，让减河成为一个融文化、旅游、红色教育等为一体的研学景点，吸引着各地民众前来观光旅游。

天下杂技哪家强？

话说壮壮送完谢宗枋的信，正要回去，忽然听到一阵响亮的锣鼓声。

问了问周围的乡亲，才知道连镇的客商们为了庆祝谢家坝的建成，专门从吴桥邀请了杂技高手前来表演。

他们会表演什么杂技呢？壮壮心中十分好奇，于是就停下来观看。

只见一个小伙子向大家拱手行礼道："各位乡亲，小子是吴桥少年杂技团的团长王二郎，在这儿给各位叔叔伯伯、大姑大婶行礼了！"

"听闻咱们连镇大善人谢宗枋谢先生出巨资为连镇建成了谢家

坝，这是造福乡里的大善事啊。咱们吴桥少年杂技团专门来给大家表演一场杂技以表祝贺，愿谢先生身体康健、长命百岁！愿咱们连镇父老乡亲世世代代平平安安！"二郎接着说祝福的话。大家听了都很开心。

接着二郎又说："咱们沧州武功鼎盛，有八极门、通臂门等正宗门派，武林高手不计其数。大运河上往来的镖师不论有多大本事，到了咱沧州都不能喊镖，以示对武林前辈的尊敬。咱们吴桥虽然是天下杂技之乡，但咱们杂技团的几个年轻人在各位乡亲面前那也只是后生晚辈，今天就献丑表演一段吴桥杂技，还请各位乡亲多多捧场。"

说完，杂技团的年轻人们就开始了他们的表演。

第一个少年表演的是飞刀。十来把锋利的飞刀像蝴蝶一样在少年手上飞来舞去，一把都不会落地。舞到最快时，只见一把把飞刀连成了一个明晃晃的圆圈，竟然看不出哪里是头，哪里是尾。忽然一声大喝，舞刀的少年手一挥，一把把飞刀嗖嗖地发射出去，都深深钉在了一个挂起的靶子心上。看到如此高超的技艺，乡亲们都高声叫好。

接着表演的是顶碗。一个小女孩头上顶着一摞茶碗，轻轻一跳就跳到了一把椅子的靠背上，头上的碗纹丝不动。接着她抬起右脚轻轻一踩，脚下的椅子忽然往一边倾斜。

"哎呀！小姑娘别摔了！"旁边一位大妈担心的话刚说出口，就见小女孩随着倾倒的椅子迈出一步，踩到了椅面的一个角上。椅子就这样变成了一只椅子腿着地，静静地立在那儿，连同椅子上单脚站立的小女孩和她头顶上的茶碗，整个宛如一座雕塑一动不动。

旁边的乡亲们使劲鼓起掌来。小女孩在掌声中踩着椅子来回走动。椅子的四条腿好似变成了女孩脚下的"风火轮",在码头的地面上飞来飞去。这还不够,只见小女孩头一抬,将头顶一摞茶碗顶向空中。那些茶碗东西南北地乱飞,却一个也逃不出小女孩的手掌心。只见她踩着椅子飞来飞去,一下用手,一下用脚,一下用胳膊肘,一下用膝盖,将四散的茶碗都重新收拢到自己的头顶,稳稳顶着。这下乡亲们都惊呆了,四下里掌声雷动。

接着吴桥少年杂技团的少年们又表演了爬刀山、跳火圈、顶大缸、三仙归洞等杂技,一个比一个精彩。不知不觉间已是黄昏时分,夜色降临的运河码头,却还分外地热闹。在乡亲们的欢呼声中,迎来了吴桥少年杂技团今天的最后一个表演。

这次上场表演的是王二郎,他要给大家表演喷火。他一手拿着酒壶,一手持着火把,张口一喷就喷出一道道火龙。红红的火龙在夜色中分外耀眼。

"王二郎,拿出点绝活儿来啊!"旁边一位大叔似乎是认识王二郎的,他开口喊道,"听说你能喷出龙、凤、牛、羊各种动物,今天给我们喷个咱沧州的铁狮子看看啊!"众人听了纷纷起哄要看王二郎喷狮子。

场中的王二郎听了,哈哈笑道:"好!"

只见他满满喝了一口酒,运足力气,头一摇,喷出了一只展翅飞翔的凤凰鸟。凤凰扇动着翅膀向高空飞去,随着火焰的熄灭,凤凰就像是飞入了无边的夜幕中一般,简直神乎其技!接着他又喷出了牛、羊、马等火焰组成的动物。一只只火焰动物在运河上空奔腾,让人看得热血沸腾。

最后他一口把壶里的酒全倒进嘴里,仰头一喷,一只巨大的狮子就出现在了天空上。雄伟的大狮子高昂着头,背负着莲花盆,迈着矫健的步伐行走在天空,充满了威严,宛然就是沧州铁狮子"镇海吼"的模样。看到这如同神迹的一幕,乡亲们都十分激动。

一时间,"哇,太厉害啦!""铁狮子保佑我们沧州风调雨顺!""王二郎真神了!"等感叹的声音充满整个运河码头。

壮壮看着天空中的狮子,心中也十分感慨。他想,正是由于有着无数个像谢宗枋先生那样心怀家国的人,有着无数个像王二郎那样满怀匠心,在各自的道路上不断拼搏创新的人,我们中国才会像这雄伟的醒狮一样傲然屹立在世界的东方,我们中华民族才会真正崛起于世界民族之林!

吴桥杂技是河北省吴桥县地方传统杂技,起源于春秋战国时期,在汉、唐时达到兴盛,宋代时走向了民间,成为人们喜闻乐见的民间表演艺术。吴桥杂技能够综合展示人体的各项技能技巧,相关的杂技节目门类齐全,阵容庞大,涵盖了耍弄技艺、乔装仿生、动物驯化、硬气功、魔术等七大门类,共有1100多个表演节目。历来有"十方杂技九籍吴桥""没有吴桥人不成杂技班"的说法。2006年5月20日,"吴桥杂技"被国务院列入第一批国家级非物质文化遗产名录。

沧州铁狮子,又称"镇海吼",铸造于五代时期的后周广顺三年(953),位于河北省沧州市东南郊。沧州铁狮子身长6.264米,体宽2.981米,通高5.47米,重约32吨。沧州铁狮子铸造工艺高超,体量巨大,历来被视为沧州的象征,更为研究中国古代的冶金、雕塑和佛教史提供了珍贵的实物资料。1961年3月4日,沧州铁狮子被国务院公布为第一批全国重点文物保护单位。为保护文物,2011年3月28日,沧州新铸了一头"沧州铁狮子",作为沧州的象征安放在沧州市区狮城公园。

第二章　北京

没有水如何挖运河？

夕阳西下，什刹海边的灯影在古运河的水面上荡漾成满河星光。

在什刹海研学的壮壮看着运河沿岸璀璨的霓虹，遥想起古时候这里千帆竞渡的风貌。

咦！壮壮忽然想到："北京城区并没有大的河流，通惠河从北京流向通州的水是从哪里来的呢？"

不如穿越到古代去一探究竟吧！于是他念起了穿越的口令："壮游大运河，神奇大揭秘。穿越！"

怀着疑问和不解，在一道白光中，壮壮不知不觉就穿越到了700多年前的元朝，成了元世祖忽必烈身边的一名小侍卫。

这时的北京叫大都，是元朝的首都，有约40万人生活在这里。这么多人每天吃饭、喝水，北京城中的水都不够用，粮食也要从南方通过运河运到通州，再从通州运到北京。当时从通州到北京的运河河道没有打通，运送粮食十分不便。

"哎呀，这可怎么办啊！"元世祖忽必烈对北京的用水、运粮

京津冀篇　太空传下神州照　运河漂来紫禁城

忽必烈、郭守敬商议修运河

这两个问题一筹莫展,不知道该怎么解决。

壮壮想起元朝有个著名的天文学家、数学家、水利专家,名叫郭守敬,心想他一定有办法,于是就告诉忽必烈:"郭守敬擅长水利,他一定有办法。"

忽必烈听了,马上就召见了郭守敬。郭守敬建议挖通北京到通州的运河。

郭守敬说:"我们可以引西山地区的一些河水、泉水到城里,一方面可以保证城中居民的用水,一方面还可以为北京到通州的运河提供水源。有了这条运河,从通州到北京的粮食运输就会更方便了。"

忽必烈听了郭守敬的建议很赞同，于是任命他负责河渠的整修、管理工作，后来又任命他为都水监。

壮壮也被任命为都水少监来协助郭守敬开挖运河。

壮壮这位大元都水小少监，迫不及待地问出了自己关心的问题："郭大人，您看大都到通州这段也没有可以利用的河流，没有水的话，我们挖了运河也没有用啊。"

郭守敬听了微微一笑说："你随我来。"说着他把壮壮领到了他的书房。

只见郭守敬的书房中放着一个巨大的沙盘，上面有河流、大海、山川、城池，宛如一个缩小的世界。

"哇，太厉害了！郭大人，这是您做的吗？"

郭守敬点点头，笑着说："你想要的答案就藏在这个沙盘中。考你一下，看你能不能找到答案。"

壮壮看着沙盘有点发愁："这就是大都的地形吗？莫非附近有可以引水的河流？"

说着壮壮开始认真地观察沙盘。看着看着，壮壮又皱起了眉头："浑河（永定河）河水的泥沙多，水量也不稳，不能用于运河，温榆河的水位低也用不了。那怎么办呢？"

郭守敬笑着提醒他："水往低处流，下游水位低，上游的水位可不一定低啊。"

壮壮听了恍然大悟，对啊，我们可以用上游的水！可是他想了一下，又发现了一个问题，于是向郭守敬求教："我们究竟要从哪条河的上游引水呢？"

郭守敬自信地指向北京西北方向的一个村子——白浮村，然后用手指沿着西山山麓画了一条弧线，一路画过双塔、榆河、一亩、

京津冀篇　太空传下神州照　运河漂来紫禁城

玉泉等水流。

他一边画，一边坚定地说："仅仅一条河可不够。我们要从白浮泉引水，截沙河、清河上游的水流，并汇合一亩、玉泉等泉水，把它们引到京城的瓮山泊（即后来的昆明湖），就可以供运河使用了。"

"您怎么知道白浮泉的水可以向南流到京城呢？不会被西山挡住吗？"壮壮好奇地问。

"我曾以海平面为基准来测量京城和汴梁的地形高低，用同样的办法我实地测量过白浮泉、玉泉等地的高度，可以确信白浮泉地势要高于西山山麓，引水是没问题的。"郭守敬耐心解释说。

"太厉害了！您究竟是怎么测量出来的呢？"壮壮好奇地问。

郭守敬耐心地给他解答了一番。

原来郭守敬在元代就提出了类似现代"海拔"的概念，这可比德国数学家高斯提出这个概念要早约560年呢！郭守敬利用海拔的原理，结合各地的地形走势，通过复杂的数学计算，得出了白浮泉海拔高于昆明湖的结论。

事实上，我们现代测量得出白浮泉的海拔为55米，昆明湖的海拔为40米。这也印证了郭守敬的测量结果。

后来，郭守敬把引水的方案汇报给了元世祖忽必烈。忽必烈听了非常高兴，立即表示要赶快落实。他还下了一道命令，让文武百官都要带头干活，支持郭守敬的引水工程，要他们"待守敬指授而后行事"，就是说在这次水利工程的建设上，一切都要听从郭守敬的安排。

1292年，郭守敬主持在昌平引白浮泉，又汇合双塔、榆河、一亩、玉泉等水，向东南汇入积水潭，使河水大体按照金国运河故道

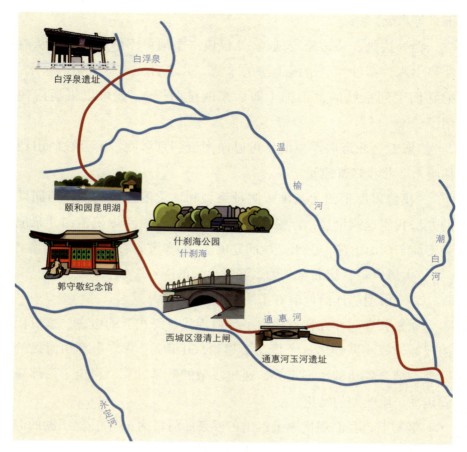

通惠河引水示意图

至通州。1293年,这段运河开凿完成,被赐名为通惠河。

通惠河的开凿使得元代大运河全线贯通,南方苏州、杭州等地生产的粮食可以通过运河直接运送到元大都。

在元末明初时,由于战乱和山洪的破坏,通惠河从白浮泉至瓮山泊的一段被废弃了。后来人们说的通惠河,一般就是指从东便门大通桥至通州区入北运河的这段河道。清朝末年废除了漕运,通惠河也逐渐没落。

1956年时,在北京的城区改造中,通惠河在北京老城内的部分全部改为暗沟。

今天通惠河位于什刹海到地安门东大街路北的古河道玉河的一段,已从暗河变为明河,两岸也修建成了美丽的公园。

为了纪念郭守敬开凿通惠河的伟大功绩,1986年9月,北京市西城区政府重建了汇通祠,并在其中建了郭守敬纪念馆。郭守敬纪念馆展示了元代水关模型、元代粮船的铁锚以及相关的书籍等,并系统介绍了郭守敬的治水功绩。

2014年6月22日,中国大运河被列入世界文化遗产名录。通惠河北京旧城段、通惠河通州段被列为遗产河段,西城区澄清上闸(万宁桥)、东城区澄清中闸(东不压桥)被列为运河遗产点。

第三章　北京

为什么说紫禁城是运河上漂来的？

这一天壮壮来到北京故宫研学。

阳光抹过高高挑起的檐角，在故宫的红墙上投下一道光影。壮壮坐在墙边的石阶上，翻开刚买的一本书《大运河漂来紫禁城》。

这本书是故宫学院院长单霁翔先生写的，一定很精彩！壮壮心想："只是不知道紫禁城这么大，怎么会是从大运河上漂来的呢？"

穿越到古代去看一看吧！于是壮壮按下了时空穿梭眼镜上的按钮，念出穿越的口令："壮游大运河，神奇大揭秘。穿越！"

是谁下令营建北京城？

一道白光闪过，壮壮带着心中的疑问，穿越到了600多年前的明朝。

明朝时，北京原是燕王朱棣的封地。朱棣在靖难之役后夺得了皇位，定年号为"永乐"。永乐元年（1403），在礼部尚书李至刚等人的建议下，明成祖朱棣将北京立为陪都。永乐四年（1406），朱

京津冀篇　太空传下神州照　运河漂来紫禁城

棣下令在元大都的基础上营造北京城。

营建都城可是一个大工程，光是在全国各地搜集合适的木料、石料等准备工作就做了11年。

壮壮心想："古代没有汽车、火车，物资的运输很不方便，这些沉重的木料、石料要怎样运到北京呢？"

西南地区深山中的巨大木材怎么运到北京？

我国古代的宫殿等建筑，大多是木质结构。北京建造皇宫，就要使用最高级的楠木、杉木、樟木等木材。因为需要的木材尺寸大、等级高，只有在四川、贵州、湖南、广西等地的深山老林中才能找到，于是，朝廷组织了专门的人员，负责木材的砍伐、运输。

这一次壮壮就跟着四川的伐木工们，来到了茂密的原始森林中。

森林中的树木遮天蔽日，幽暗的深山里还时不时传来几声野兽的吼叫，走在密林中，更是时不时就会遇到爬过脚面的毒蛇、掉在身上的毒虫、偷偷吸血的大蚊子。而身边陡峭的悬崖、奔腾而下的涧水，更是让人心惊胆战，唯恐脚下一滑，掉下去摔个粉身碎骨。

在这样艰难的条件下，伐木的工匠们还要在各种危险的地方穿梭，去寻找符合要求的大树。找到了合适的大树，还要根据地形等因素来制订砍树的方案，以便让大树倒在方便运输的方向。然后将大树砍倒，去掉枝叶，修整成符合朝廷要求的木材。

这时，伐木工老张正在给木头打眼。

壮壮好奇地问:"张老伯,为什么要在木头上打眼啊?"

老张一边熟练地挥动斧头和凿子,一边说:"为方便运输啊。这木头可是皇帝要用的皇木,咱们一会儿还要用绳子把这皇木拉到溪边去,好让溪水帮咱们把它冲到下游江边的木场。木场那边会有人把木头编集成排,一直送到北京。"

不一会儿,老张就在木头上打出了一个孔洞。别的伐木工也砍出了一条从这里通往溪边的小路。

大家用绳子拉着木头,用了九牛二虎之力,总算把木头拉到了溪边,推进了溪水里。大家这才松了口气,坐在溪边吃点干粮,喝点水,稍作休息。

壮壮想跟着漂流的木头,去看看木头是怎么运到北京的,于是就告别了老张等人。他跟着溪水中的木头顺流而下。此时正值夏末,降雨多,溪水泛涨,木头在奔流的溪水中滚滚前行。不知转过了多少道湾,经过了多少重山,木头终于从大山中漂流而出,来到了长江边的木场。

木场的工人们用长长的钩子钩住溪水中漂来的一根根皇木,拉到岸边,然后用绳子穿过木头上的孔洞,编成一个个巨大的木筏。这些木筏一个个首尾相连,就像一条长龙游在江水中。

木场管事的官员叫督木同知,他将这些皇木交给督木道的官员进行验收。待验收完毕,就会有专人负责押送这些木筏沿长江顺流而下,一直到达几千里外的镇江。镇江是长江与大运河交汇的地方,木筏在这里会渡过长江到达对岸的扬州,再从扬州沿大运河北上,一直到达北京通州。

说起来简单,但沉重的木筏在长江上行走得并不顺利。长江水道水势多变,在许多地方大木筏都需要人们用纤绳拉着才能过去,

京津冀篇　　太空传下神州照　　运河漂来紫禁城

运河纤夫运木料

还有不少地方水下有危险的漩涡，皇木进入漩涡就会被拉入水底，埋没在泥沙中。

皇木在扬州从长江水道进入运河水道后，运输更加艰难、缓慢了。大运河从扬州到山东南旺这一段地势是北高南低的。皇木沿运河逆流北上，需要很多民工、军士用纤绳一步步拉过去。

运河在过了南旺后，地势变为南高北低，水往北流。皇木顺流而下，运输方便了很多。过天津后，又变成逆流而上，只好再由人们拉纤运输。一直拉到通州张家湾的皇木厂（神木厂）存放。

至今，通州三教庙内还陈列着一根从运河中出土的千年皇木。

巨大的皇木十分沉重，陆路更不好运输。在夏秋季节雨水多，路上一片泥泞，车子拉上沉重的皇木，车轮会陷在泥里，走不动。

壮游大运河

木料运输示意图

只有等到冬天和春天，路面冻得坚实的时候，才能用两辆大车一起拉着一根木头，送到北京。

意大利传教士利玛窦来北京时，曾看到过人们拉纤运皇木的情形，他在笔记中记载："一路看到数千劳工吃力地拉着巨大的木排或满载木材的船，沿着运河河岸艰难前行，一天只能走5000米。这种来自四川的木排，有时要两三年才能运到北京，一根木头的运输就要花去3000两银子。"

看着运河边汗如雨下的人们,壮壮不由得感慨,紫禁城真的来之不易啊!仅仅一根木头都要经过千辛万苦才能运到北京。

巨大的石料怎么运到北京?

营建北京城还需要很多石料,这些石料有的产自北京城附近的房山、西山等地,有的也要从外地运来。像江苏徐州、河南浚县的花斑石,就是通过大运河运到通州的花斑石厂,再由通州运到北京。

现在,通州张家湾镇的皇木厂村还留存着几十块巨大的花斑石。这些石头有的重达数十吨。

看着巨大的石头,壮壮心想:"木头已经那么难运了,这么沉重的石头在运输的时候得有多难啊!"

原来,在古代没有那么大的车辆可以承载巨石的重量。人们想了一个办法,就是在冬天的时候,在路上洒水形成一层冰面,然后人们拉着巨石在光滑的冰面上前进,这样就能方便很多。修建紫禁城的巨石就这样从各地运到了北京。

"金砖"怎么运到北京?

除了木料和石料,修建紫禁城的砖也很不简单。紫禁城专用的青石砖产自山东、苏州等地,也是通过大运河运来的。

苏州余窑村的御窑专为皇宫烧制细料方砖。这里生产的砖,颗粒细腻,质地密实,敲击有金石之声,被称为"金砖"。山东临清

壮游大运河

御窑的砖"敲之有声，断之无孔，坚硬茁实，不碱不蚀"，被定为皇家专用的贡砖。此外还有河南宝丰、江苏瓜洲等地的御窑也曾为北京烧制青砖。

北京城的建设需要大量的砖瓦，为了运输这些贡砖，朝廷还想了一个办法，就是让运河上过往的船只帮助捎带砖料。为便于管理，朝廷还使用了专门的"砖票"。

就这样，大量砖料被运到通州张家湾的砖厂，但通州到北京还有不近的距离。为了把这些砖运到北京，明成祖朱棣采纳了大臣的建议，罚罪犯去运输砖料。到了后来犯了小错的人，甚至朝廷官员都会被罚去运砖。有记载说："三品以上者罚令运砖五百，四品以下者三百，九品以下者二百。"

紫禁城是什么时候修建完成的？

木料、石料、砖料等材料准备完成后，在永乐十五年（1417），明成祖朱棣任命泰宁侯陈珪担任总指挥，正式动工，开始营建北京紫禁城。明代建筑匠师蒯（kuǎi）祥等人负责相关的设计和实施。

永乐十八年（1420），北京皇宫（紫禁城）、北京城终于建成。在之后的500多年，紫禁城一直是我国的最高权力中心。清王朝覆灭后，故宫则成为世界上现存规模最大、保存最完整的木质结构古建筑之一，成为明清时期中国文明的见证。

宏伟庄严的北京故宫成为象征我们中国的一张名片，向世界人民展示着璀璨的中华文化。故宫在1961年被列为第一批全国重点文物保护单位，并于1987年被列为世界文化遗产。

第四章 北京

天安门上如何守护国旗飘扬？

黎明时分，东方天际的曙光与天安门上的灯光交融为一体，映照着天安门广场上熙熙攘攘的人群。

壮壮和壮游大运河的小朋友们一起沿着京杭大运河一路北上，今天终于来到了期待已久的天安门。

此时，他们正在广场上等待观看升国旗仪式呢！

看着灯光璀璨、气象雄伟的天安门，想起一路走来所看到的浩浩荡荡的大运河，壮壮心中忽然有些触动，他想："天安门和大运河之间是不是存在着一些什么联系呢？"

天安门与大运河有什么联系呢？

"老师，天安门与大运河有什么联系吗？"壮壮问身边壮游大运河的老师。

老师听了壮壮的问题有些惊讶，夸赞道："壮壮同学这个问题问得很好！小朋友们，我们一起来想一想这个问题好不好？天安门与大运河之间究竟有什么联系呢?"

小朋友们听了,纷纷开始讨论。

有人说,天安门和大运河都是我国古代人民创造出来的,代表着古人的智慧。

有人说,在古代,天安门一直是紫禁城的门户,代表着皇家的威严,而大运河运来的粮食则为宫廷、文武百官以及京城百姓解决了吃饭问题。它们都发挥了自己的作用,稳定了当时的社会。

有人说,1949年毛主席在天安门城楼上向世界宣布"中华人民共和国中央人民政府今天成立了",天安门成为我们新中国的象征,2014年大运河入选了世界文化遗产名录,它们都是我们国家的名片。

壮壮想起之前学习过的《大运河漂来紫禁城》,于是说道:"当初建造天安门的木料、石料、砖瓦等材料还是从大运河上运来的呢。"

有人补充说:"对!这个我知道,天安门是明代建筑师蒯祥建造的。当时明成祖命令蒯祥营建北京城。天安门就是他完成的第一个任务呢!不过当时天安门叫承天门。后来到了清朝顺治年间,人们重建了承天门,才改名叫天安门。"

老师听了大家的讨论,夸奖他们说:"看来你们在之前的大运河研学旅行中真的学到了好多东西啊!"

"老师,老师,升旗仪式什么时候开始啊?我都等不及啦!"有个小朋友急切地问道。

"每天的升国旗仪式时间都是不同的,会和当天太阳升起的时间一致。"老师笑着安抚小朋友们,"你们看看东方的天空,是不是马上就要日出啦?"

京津冀篇　太空传下神州照　运河漂来紫禁城

天安门升国旗仪式是什么样的呢？

果然，东方的天际显出一缕亮白，天空上的云朵也逐渐染上了鲜艳的红色。

忽然，广场上嘈杂的声音一下子消失了，耳边传来了整齐有力的步伐声。原来是国旗护卫队的战士们，迈着整齐的步伐从金水桥上走过来了。

一个精神抖擞的战士肩扛国旗走在正中，另外两名战士手执钢枪护卫在两侧。后面还有几队英姿飒爽的海、陆、空军战士持枪护卫。

他们走得太整齐了，横看成排，纵看成列，脚步声整齐划一，各种动作完全一致，就连眼神都是朝着一个方向，真是太令人震撼了！

国旗护卫队的战士们走过金水桥，穿过长安街，走向旗台。此时天安门广场和整条长安街上都一片安静，没有人说话，没有人乱动，车辆都静静地停着，似乎连天上的云都静止了。

忽然嘹亮的国歌响起。

"起来，不愿做奴隶的人们……"雄壮的国歌响彻整个广场。

同时天边火红的太阳也冉冉升起。在雄壮的国歌声和明媚的晨光中，五星红旗缓缓升起。

人们的目光都随着国旗一点点向上，小朋友们行着少先队队礼，军人行着军礼。此刻，广场上无数人嘴里唱着国歌，无数人眼里噙着泪水，他们的声音、他们的目光、他们的手、他们的心都聚焦在那面迎风飘扬的国旗上。

"前进，前进，前进进……"

壮游大运河

天安门升旗仪式

不知不觉间,太阳已经跳出了地平线,国旗已经升起。而国歌那"前进,前进"的余韵还回荡在耳边,似乎在告诫我们:只有不断前进,才能让我们的国旗永远高高地飘扬;只有不断前进,才能让我们的祖国长盛不衰;只有不断前进,才能让我们中华民族傲立在世界民族之林。

壮壮从升国旗的氛围中醒来时,国旗护卫队的战士们已经重新列队回到了天安门后的营房。

"大家看完升旗仪式有什么感受呢?"老师问道。

一时间,激动的小朋友们争先恐后地说着自己的感受:

"太感动了!"

京津冀篇　太空传下神州照　运河漂来紫禁城

"太震撼了！"

"国旗护卫队太帅了！"

"我长大了也要参加国旗护卫队！"

……

"今天升旗仪式大家表现都很好！"老师夸奖说，"作为奖励呢，我们联系了国旗护卫队，可以去战士们的营房、训练场参观，做一名国旗小卫士，体验一下国旗护卫队战士们的生活。"

"哇！太棒了！我要做国旗小卫士！"壮壮和小朋友们开心得都要跳起来了。

我是国旗小卫士：国旗护卫队训练记

在国旗护卫队的营房，一名教官接待了壮壮和小朋友们。

教官先带他们参观了战士们的宿舍。宿舍中被褥像是四四方方的豆腐块，脸盆、牙杯摆放角度都是一致的，和他们走路的步伐一样整齐！

这时教官说："生活用品摆放整齐可以训练战士们严谨的作风。对我们来说，生活也是训练，训练就是生活。我们有些战士为了保证颈部正直，不会向前突出，在睡觉时都不枕枕头。还有些战士为了保证站姿的笔直，还会在双腿间绑上木板。"

"哇！太厉害了！睡觉的时候都在训练！"小朋友们都很惊讶，"那你们平时都是怎样训练的呢？"

"你们想体验一下国旗护卫队的训练吗？"教官见大家这么感兴趣，就笑着问道。

"想！"小朋友们异口同声地喊道。

"我们的训练可是很辛苦的，你们不怕吃苦吗？"教官问。

"不怕！"大家兴奋地喊。

于是教官就带领大家来到了训练场，让大家体验了几个国旗护卫队战士训练的项目。

第一项：站功。

站功是战士们的基本功。战士们守卫国旗，有时候一站就是好几个小时，没有好的站功可不行。平时训练的时候，他们一般要站三到四个小时。

这次壮壮他们也要挑战一下国旗护卫队的站功训练。

教官先拿来了一组"十"字架，绑在了小朋友们的背后。壮壮发现绑上架子以后，自己的腰弯不下去了，两个肩膀也不能乱晃了，整个身躯都变得笔直笔直的。"这个也太简单了吧！"壮壮心中暗想。

这时教官走过来，在每个小朋友的上衣领口都别上了几枚大头针。壮壮想看看旁边的小朋友站得怎么样，可是刚一扭头，大头针就扎在了脖子上。

"嘶！"疼得壮壮倒吸了一口凉气。

这还不算完，教官又拿来巨大的电风扇，对着大家吹！一边吹一边还说："不许晃动身体，不许闭眼，不许眨眼！否则淘汰！"

风扇吹着尘土和沙子打在小朋友们的脸上，很难做到不晃动身体，更别说不闭眼不眨眼了。不一会儿大部分小朋友都被淘汰下来了，只剩下壮壮和一个小女孩还在咬牙坚持。

"你们俩还不错嘛！来，给你们一点特殊的考验。"教官说着，从地上抓了两只蚂蚁，走过来，放在了他们的脸上。

"哎呀！这可不行，万一蚂蚁爬到鼻子里、耳朵里可怎么办啊!"小蚂蚁在脸上爬着,壮壮感到痒痒的,心里更是紧张得不得了。

"哇!蚂蚁快要爬到我嘴里啦!"旁边的小女孩差点哭出来。

壮壮听了也有点害怕,赶紧摇头想把蚂蚁甩下来。就这样,第一关,最后的两个人也挑战失败了。

"国旗护卫队的战士们平时的训练可是比你们体验的要严格许多倍。"教官一边帮壮壮把脸上的蚂蚁拿下来放回地上,一边说,"有教官看着,难道还会让蚂蚁钻进你们鼻子里、耳朵里吗?这么简单的考验你们竟然没有一个人通过,太让我失望啦!"

大家听了,都羞红了脸,壮壮心想:"下一关我一定要坚持到底!"

第二项挑战是走功。

国旗护卫队的战士们,每天升旗、降旗所走的路线是有固定步数的。从金水桥走到国旗杆下共138步,升降旗方队正步穿过长安街是96步。

教官为大家介绍说:"为了练好走功,达到66人整齐划一的步伐,战士们白天要绑上沙袋练踢腿,用尺子量好每一步的步幅,用秒表卡好行走的步速,还会在深夜到广场上一遍遍地进行实地演习。此外,战士们还要在下雨、下雪、刮风等天气里进行练习,保证步伐不会受到特殊天气的影响,永远走得稳、走得直。"

接着教官公布了这次挑战的项目:"下面我们进行走功三步的挑战:第一步学习齐步走、正步走;第二步,绑上沙袋正步走;第三步,在泥坑中正步走。"

首先,小朋友们跟着教官练习走功,学习齐步走、正步走。大家学得很快,不一会儿就都学会了。大家一起迈着整齐的步伐在操场上走步，壮壮觉得自己好像变成了真正的国旗护卫队战士，英姿飒爽地走在天安门广场，别提多神气了！

"好，恭喜各位小朋友，第一步的挑战大家都通过了。"教官说，"不过，下面的挑战可就没这么简单啦。"

接着教官拿出沙袋让大家绑在腿上走正步，还严厉地说："谁要走歪了，谁踢腿的高度不够，马上淘汰！"

绑上沙袋后，还没走几步，壮壮就觉得自己的腿快要没力气了。"这个沙袋太沉了！"壮壮心想，"不过我一定要坚持下去！我要做一名合格的国旗小卫士！"

可是，并不是每个人都能坚持下来，不一会儿，就有一半的小朋友被淘汰了。

"立——定！"教官停下了第二步的训练，带着大家到了一个满是泥水的泥坑边，说："下面我们要进行第三步的挑战，走泥坑。升国旗的时候可能会遇到暴雨、大雪等天气，我们必须保证在什么样的情况下都能走得稳。在泥坑挑战中，滑倒的、走歪的都马上淘汰！"

"正步——走！"随着教官的一声令下，大家迈着正步踏进了泥泞湿滑的泥坑里。结果没走几步，小朋友们就歪的歪、倒的倒，全部被淘汰了！

"太难了！"大家纷纷感叹。

"这都是最基本的训练。"教官告诉大家，"国旗护卫队的训练比这个还要困难许多倍呢。"

"国旗护卫队的战士们真是太厉害了！"壮壮心想。

接着壮壮和小朋友们跟着教官又挑战了眼功、持枪功、升旗功、收旗功等训练。通过这些训练，壮壮更加明白了国旗护卫队训

京津冀篇　太空传下神州照　运河漂来紫禁城

练的艰难，心中对国旗护卫队的战士们越发敬佩。

挑战结束后，大家纷纷感慨：国旗护卫队的训练太难啦！真是"台上一分钟，台下十年功"。平时看着战士们走起来好像很轻松的样子，原来他们都是经过了千锤百炼，才练就了这一身硬功夫啊！

天安门上的观礼台都见证了哪些庄严的典礼？

怀着对国旗护卫队崇高的敬意和由衷的钦佩，壮壮和小朋友们告别了教官。他们要开展下一项激动人心的研学活动了，那就是登上天安门城楼，并在天安门上记录下自己的梦想。

天安门于明代永乐十八年（1420）建成，原名承天门。后来在清代顺治八年（1651）重建后改名为天安门。天安门自建成以来，一直是紫禁城的门户，代表着皇家的威严，也代表着中国的国家形象。在古代，上朝的大臣、外国来的使者，都要通过天安门才能进入紫禁城见到皇帝。

1949年10月1日，开国大典在天安门广场举行。毛泽东主席站在天安门城楼上，向全世界庄严宣告："中华人民共和国中央人民政府今天成立了。"从此，天安门就成了我们新中国的象征。

细心的小朋友们只要认真观察就会发现，在我国的国徽上和一些钱币上、勋章上也都有天安门的标识呢。

壮壮行走在天安门城楼上，心中怀想着新中国成立后，天安门广场上举行过的一次次阅兵仪式。他一次次按下时空穿梭眼镜上的按钮，回到过去，参观了天安门广场上一次又一次的阅兵式。

1949年10月1日，开国大典上的阅兵仪式。当时我国南部、西南的一些地区还没有解放，所以无数从东北等地赶来的解放军，在参加阅兵典礼后，便立即南下，奔赴战场。

1953年10月1日，阅兵仪式上，我国火箭炮兵参加阅兵。

1956年10月1日，我国国产解放牌汽车参加阅兵。

1957年10月1日，我国国产伊尔-28喷气式轰炸机、歼击机首次受阅。

1959年10月1日，我国国产第一代主战坦克参加阅兵，受阅装备绝大部分已实现了国产化。

1984年10月1日，我国战略导弹部队、武警部队和女兵首次受阅。

1999年10月1日，我国陆军航空兵、海军航空兵、海军陆战队、特警和预备役部队参加阅兵。

2009年10月1日，我国东风31甲核导弹、垂直发射导弹、陆射巡航导弹、空警-2000、空警-200、歼-10、无人机、特种兵等参加阅兵。

2015年9月3日，纪念中国人民抗日战争暨世界反法西斯战争胜利70周年大会的阅兵仪式上，来自我国海、陆、空等各种部队的50个方（梯）队参加了阅兵，其中最引人注目的是抗战老同志组成的两个乘车方队。曾经在抗日战争中浴血奋战的"老八路"们，又一次向世界展示了我们中国军队保卫祖国、勇于战斗的精神。

2019年10月1日，我国阅兵共计59个方（梯）队，其中包含了领导指挥、火箭军、战略支援部队、联勤保障部队、院校科研、文职人员、预备役、民兵、维和部队、陆上作战、海上作战、防空反导、信息作战、无人作战、后装保障、战略打击、空中护旗、预警指挥机、海上巡逻机、运输机、支援保障机、轰炸机、加受油机、舰载机、歼击机、陆航突击、教练机等不同职能和兵种的队伍。

天安门见证了我国从明代至今的历史，见证了在党的领导下我们新中国的诞生和走向富强的道路，也见证了中华民族伟大复兴的道路。

在这样庄严的场景中，壮壮和壮游大运河的小朋友们一起录制了自己的梦想。正是我们这无数个中国人的一个个小梦想共同组成了伟大复兴中国梦的大梦想。

人民英雄纪念碑：我向英雄宣誓

中华民族的崛起和复兴不仅是我们这一代人的梦想，也是我们无数革命先辈的梦想。在那个年代，他们把自己的满腔热血和整个生命都奉献给了这个伟大的事业、伟大的梦想。

那无数个名字已经湮没在了历史的长河中，很难有人能记清，但他们有一个共同的名字会永远铭记在我们心头，那就是：人民英雄。

人民英雄永垂不朽！

这正是毛泽东主席亲笔书写的人民英雄纪念碑正面的碑文。

"人民英雄永垂不朽"八个镏金大字，由毛主席以行书写成，用笔行云流水，风格博大雄浑，气势恢宏壮阔，其中蕴含的革命精神和英雄气概呼之欲出。

壮壮和小朋友们一起来到纪念碑下，真诚地鞠躬行礼，向人民英雄表达心中无限的敬意。

接着,他们念诵着纪念碑背面的碑文:"三年以来,在人民解放战争和人民革命中牺牲的人民英雄们永垂不朽!三十年以来,在人民解放战争和人民革命中牺牲的人民英雄们永垂不朽!由此上溯到一千八百四十年,从那时起,为了反对内外敌人,争取民族独立和人民自由幸福,在历次斗争中牺牲的人民英雄们永垂不朽!"

这篇碑文是由毛泽东主席慎重起草,周恩来总理连续书写41次才写成的。文中追忆了自1840年直到新中国成立这段历史时期,为了中华民族的独立,为了人民的解放,在历次斗争中牺牲的人民英雄,概括提炼出了他们所共有的革命精神,肯定了他们所建立的丰功伟业。

人民英雄之所以永垂不朽,正是因为他们的精神得到了传承,他们的事业得到了弘扬和发展。

中华民族的文明之光正是在这样的传承、弘扬和发展中绵延了几千年。

今天,我们也要立志继承革命先辈的光荣传统,弘扬和发展他们为之献出生命的事业。

于是在人民英雄纪念碑前,在无数人民英雄的见证下,壮壮和小朋友们一起宣读了他们的誓言:

> 深深地感恩古往今来的人民英雄,是你们维护了中华民族的尊严,是你们争取了中华民族的独立,是你们建立了新中国。我们在此宣誓:我愿意以我的生命来保卫我们的祖国!我愿意秉承你们的精神,发展你们的事业,继往开来,推动中华民族走向更美好的未来!

京津冀篇　太空传下神州照　运河漂来紫禁城

中国国家博物馆：我是国宝宣讲员

告别人民英雄纪念碑，壮壮和小朋友们一起来到了天安门广场东侧的中国国家博物馆。今天小朋友们可不是简单地来参观博物馆哦，而是要作为一个中国国家博物馆的国宝宣讲员，来体验一下博物馆工作人员的生活呢！

"小朋友们，大家都过来，我们先来选择一下各自负责讲解的国宝。"老师把正在四处观看的小朋友们召集到了一起。

"今天我们要负责讲解的国宝有红山文化玉龙、人面鱼纹彩陶盆、陶鹰鼎、后母戊鼎、战国铜冰鉴、《乾隆南巡图》等古代历史文物，还有开国大典时毛泽东主席升起的中华人民共和国第一面国旗等革命文物。大家来选择一下自己想要讲解的国宝吧。"老师公布了要讲解的国宝名单，让小朋友们选择。

不一会儿大家选好了自己要讲解的国宝。其中，壮壮选择了与大运河相关的《乾隆南巡图》。接着大家到自己负责的国宝展位，向工作人员学习相关国宝的讲解内容。

时间飞快地流逝，马上就到国宝宣讲的环节了。老师要带着小朋友们依次讲解相关国宝，还有摄影师叔叔在认真地拍摄呢！

第一位小朋友讲解的是红山文化玉龙。他站在玉龙的展位前，用清脆的声音开始认真讲解："大家好！我是中国国家博物馆的国宝宣讲员。今天由我来为大家介绍我们的国宝红山文化玉龙。我们知道龙是我们中华民族的图腾，我们中国人是龙的传人。我国的龙文化源远流长，是我们中华优秀传统文化的重要组成部分。而我们现在看到的这个红山文化玉龙正是目前发现的最早的玉龙，被称为'中华第一龙'！关于这条玉龙的发现，还有一个有趣的故事呢！"

接着小小的国宝宣讲员为大家讲解了红山文化玉龙发现的故事。

原来玉龙是1971年8月内蒙古自治区翁牛特旗三星他拉村农民张凤祥在村后果林里修梯田的时候发现的。发现的时候玉龙上面附着厚厚的土锈，张凤祥以为这是块废铁就扔在了院子的角落里。后来他六七岁的弟弟用绳子拉着这个在地上拖着玩。过了几天，土锈被蹭掉了，露出里面的玉石质地。张凤祥看出这个玉龙不一般，就把它送给了翁牛特旗文化馆。后来在1984年的时候，红山文化的玉猪龙出土，翁牛特旗文化馆负责人贾鸿恩觉得玉龙和玉猪龙有些相似，就带着玉龙来到北京，请著名考古学家苏秉琦鉴定。经过鉴定，终于确定这是一件珍贵的玉龙，是红山文化的重要遗物。人们称这件玉龙为"中华第一玉雕龙""中华第一龙"。

后面的小朋友们依次为大家介绍了人面鱼纹彩陶盆、陶鹰鼎、后母戊鼎、战国铜冰鉴等国宝。终于轮到壮壮为大家介绍《乾隆南巡图》了。

壮壮站在大幅的《乾隆南巡图》前，开始进行讲解："说到《乾隆南巡图》，大家可能比较陌生，但说到乾隆下江南大家可能都比较熟悉了。其实《乾隆南巡图》所画的就是乾隆皇帝通过京杭大运河下江南的过程。《乾隆南巡图》全套共12卷，总长154.17米，作者是清代画家徐扬。这套长卷从侧面反映了当时运河沿岸地区的风土人情、地方风貌及当时运河两岸城镇经济繁荣、文化兴盛的景象，具有重要的历史价值……"

随着壮壮的讲解，《乾隆南巡图》中乾隆皇帝沿着大运河六次下江南的宏伟场景——呈现在大家眼前：

浩浩荡荡的南巡队伍、连绵不断的运河和远山、运河沿岸的农田、田地里劳作的农夫、树林里采桑的少女,还有繁忙的运河码头、各式各样的建筑、热闹的运河城镇、迎接皇帝的百姓和官员,当然更少不了端坐在船头的乾隆帝、护卫左右的官员和皇家侍卫,以及岸边骑马随行的官兵……

从图中可以看到,乾隆南巡的船队有1000多艘船只,一条条船首尾相接,形成一条蜿蜒100多里的水上长龙。光岸上拉纤的河兵就有3000多人。凡乾隆所到之处,周围30里的文武官员都要穿着朝服前来迎接。

讲到这里,壮壮还卖了个关子说:"可能你要好奇,乾隆为什么要下江南呢?"

接着他就给出了一个答案:"乾隆南巡的原因有很多,但其中最重要的一条,就是巡视京杭大运河与沿线的水利,保障运河漕运的畅通。其他的原因还有减免赋税、收服江南人心、巡查各省政务等。"

接着,小朋友们又讲解了开国大典时毛泽东主席升起的中华人民共和国第一面国旗等革命文物,大家一起重温了那一段激动人心的革命历程。

到了吃饭的时间,这群小小国宝宣讲员还和中国国家博物馆的老师一起在博物馆的餐厅就餐,体验了博物馆工作人员的生活。

今天的研学快要结束了,壮壮和各位小朋友都开心得不得了!回想这"守护祖国的一天",大家参加了天安门升旗仪式,化身国旗小卫士守护了国旗,在人民英雄纪念碑下宣誓,还做了国宝宣讲员守护了国宝,实在是太棒啦!

第五章　北京
从太空看运河是什么样子？

今天壮壮和壮游大运河的小朋友们一起来到中国航天博物馆研学。

一路走过了大运河上的许多地方，这回壮壮想要从太空中看一看大运河！

你想知道从太空中看，大运河会是什么样子吗？

怎么从太空中看运河？

"老师，怎么才能从太空中看运河呢？"壮壮问壮游大运河的老师。

"大家觉得怎么样才能从太空中看清楚纵贯中国南北的大运河呢？"老师没有直接回答，而是反问各位小朋友。

"我们可以乘坐宇宙飞船到太空。"一个小朋友回答，"这样就能从太空中看到大运河了。"

"那么大家觉得这个办法怎么样呢？"老师又问。

结果有人说可以,有人说不可以。老师问壮壮:"你觉得呢?"

壮壮想了想说:"我觉得在宇宙飞船上可能看不清楚地球上的大运河。"

"是吗?那是为什么呢?"老师追问。

"因为宇宙飞船离地球太远了,一般的宇宙飞船飞行高度在300至500千米之间,离得这么远很难看清地球上的东西。"壮壮说。

"如果我们在飞船上拿着望远镜看呢?"有同学补充说。

"望远镜可能解决不了问题,因为天空中还会有云层存在,会遮挡人的视线,所以在飞船上很难看清地球上的大运河。"壮壮解释道。

"那你有什么办法可以从太空中看到运河吗?"有同学问壮壮。

壮壮也没有想到什么办法,只能摇摇头,向老师求助:"老师,您有办法吗?"

"老师也不太清楚,不如咱们去找航天博物馆的专家问一问吧。"老师提议。

于是壮壮和小朋友们一起找到了负责接待他们的航天博物馆专家张博士。

"张博士,我们怎么样才能从太空中看清大运河呢?"小朋友们问张博士。

"这个问题很简单啊,只要把我们的'眼睛'放到太空上就可以啦。"张博士推推眼镜,笑着说。

啊?!小朋友们都惊呆了,眼睛怎么可以放到太空上呢?

"哈哈!我说的'眼睛'可不是小朋友们漂亮的大眼睛啊,"张博士解释说,"这个'眼睛'指的就是我们的遥感卫星。"

接着,张博士给大家解释了什么是遥感卫星。

壮游大运河

壮壮从太空中看运河

原来，遥感卫星是在太空中探测地球的人造卫星。它能在设定的时间内对地球表面的某一指定地域进行遥感观测。然后，卫星会把测量到的数据传回地球上的遥感卫星地面站。人们根据获得的卫星数据可以监测到农业、林业、海洋、国土、环保、气象等各种情况。

"我们可以发送指令，让太空中的遥感卫星帮助我们观测大运河。遥感卫星会把它探测到的大运河数据以无线信号的形式传输回地球。我们接到这组信号之后，经过一些操作就可以把信号还原成大运河的图片。这样我们就可以达到从太空中看运河的效果啦。并且，这组图片可是实时的、真实的哦，甚至连运河上有哪艘船、岸

京津冀篇　太空传下神州照　运河漂来紫禁城

边有哪棵树都能拍到呢。"张博士几句话就说明了用遥感卫星看运河的原理。

"哇！太神奇了！"小朋友们向张博士提出了请求，"我们现在就可以从太空中看大运河吗？"

"哈哈！我早就准备好了。"张博士说着调出了大屏幕，投影出一组遥感数据形成的大运河照片。

"这张是1990年的，这张是2000年的，这张是2010年的，这张是2020年的，这张是2022年的。"张博士把图片一一指给小朋友们看，"通过不同时间的大运河图片，我们也能看到大运河环境的变化，看到不同时期人们对运河保护和利用的效果。"

第一关：中国大运河跨越了哪几个省市？

"下面咱们一起来玩个闯关游戏。"张博士推推眼镜，给小朋友们出了第一关的题目，"请大家认真观察大运河的图片，看一看京杭大运河经过了哪几个省市？"

"我知道，这里是北京。"

"这里是天津。"

"这里是河北。"

"这里是山东。"

"这里是江苏。"

"这里是浙江。"

小朋友们争相说出自己看到的省市名称。

"不错！京杭大运河南起杭州，北到北京，沿途经过浙江、江苏、山东、河北四省，以及天津、北京两市。"张博士指着大运河的图片，总结说，"此外，还有从杭州到宁波的浙东运河，以及以洛阳为中心，北到北京，南到杭州的隋唐大运河。隋唐大运河除了经过上述省市之外，还经过了安徽和河南两省。在古代，能完成这么巨大的工程，真是一个伟大的奇迹了。"

"其实，大运河跨越的这些省市可不仅仅是地理上的划分，它们还包含着我国的六大文化高地呢。"张博士给大家讲解说，"其中有以皇城文化为代表的京津文化、慷慨悲歌的燕赵文化、孔孟之乡克己复礼的齐鲁文化、华夏之源包容并蓄的中原文化、亦南亦北的淮扬文化、尚武崇文外柔内刚的吴越文化。"

"每一个文化高地都有着自己光辉灿烂的文化传承，大运河贯通六大文化高地，促进了整个南北方的文化交流。"张博士总结说。

接着张博士又给大家出了一道题："下面请小朋友们找出卫星图上大运河最东、最西、最南、最北的几个'极点'，看谁最快啊！"

不一会儿，壮壮就举手说："我找到了最北边的北京。"

接着小朋友们踊跃举手，一个喊道："我找到了最南边的杭州！"一个却说："我找到的最南端是宁波！"

张博士指着图片对大家说："确实，我们经常以为大运河最南端是杭州。其实中国大运河包含隋唐大运河、京杭大运河和浙东运河三大部分。其中杭州是京杭大运河的最南端，但杭州南面还有连通大海的浙东运河。浙东运河的最南端是宁波。这回大家知道中国大运河最南端应该是哪里了吗？"

"是宁波。"小朋友们齐声回答说。

"很好！那么下面我们再来找找中国大运河的最东边、最西边是哪里吧。"张博士引导大家继续寻找运河的端点。

京津冀篇　太空传下神州照　运河漂来紫禁城

"老师，我发现最东边好像也是宁波。"壮壮观察着卫星地图对张博士说。

"是的。宁波位于东经120°55′—122°16′，确实比其他运河城市更靠东。恭喜你，答对了！"张博士对壮壮举起了大拇指。

"老师，我有个疑问，中国大运河的最西端，应该是洛阳还是西安呢？"一个小朋友问道。

"我们经常认为洛阳是隋唐大运河的中心，其实隋炀帝在开凿隋唐大运河的永济渠、通济渠之前，曾经在584年开凿了西起大兴城（即西安），东到潼关，连通黄河的广通渠。只是后来因为广通渠引水的渭水河水较少，导致广通渠的运河河道水浅不能通行大船，影响了漕运功能。"

说到这里，张博士问大家："这回大家觉得，中国大运河的最西端应该是哪里呢？"

"西安。"大家异口同声地喊道。

第二关：大运河跨越了哪五大水系？

"很好！恭喜大家闯过了第一关。下面是第二关的题目。"张博士说着，又给大家提出了第二关的题目，"大运河还经过了五大水系，有谁知道是哪五大水系吗？"

"我知道，有黄河。"

"还有长江。"

"黄河和长江之间还有淮河。"

小朋友们纷纷说道。

"不错！还有两大水系呢。"张博士提示说，"这两条河分别在大运河的最南端和最北端。有谁知道是哪两条河吗?"

"最南端的……我知道了,是浙江的钱塘江。"壮壮想到了钱塘江。

"那最北端的就是北京、天津地区的海河。"小朋友们也补充道。

"这五大水系中,黄河、长江是我们中国的母亲河。海河、淮河、钱塘江也养育了沿岸无数代中国人。"张博士说,"大运河纵贯五大水系,并在宁波、天津、杭州、扬州等处直接连通,或者通过河流连通了大海,这就形成了从南方长江流域到北京的大半个中国的水路运输网络,以及连通海上丝绸之路的运输网络,为古代社会的物资运输做出了巨大贡献。"

第三关:江河对话与河河对话都包含哪些内容?

"这五大水系与大运河交汇,还形成了两组不同的'对话':一个是江河对话,一个是河河对话。"张博士说,"大家能猜到它们分别指的是哪两条水系吗?"

小朋友们听了,纷纷说出自己的答案。有的说是长江和海河,有的说是钱塘江和淮河,不过说得最多的还是长江和黄河。

张博士听了,点点头说:"我们不少小朋友已经猜出来了,是长江和黄河。其中长江与大运河组成了江河对话,黄河与大运河组成了河河对话。"

"下面开始我们第三关的挑战。"张博士给出了第三关的题目,"请同学们讨论一下:江河对话与河河对话包含哪些内容?给大家10分钟时间讨论,10分钟后我们来看看大家的答案。"

京津冀篇　太空传下神州照　运河漂来紫禁城

壮壮和小朋友们马上开始热烈讨论。

不一会儿，10分钟的时间就过去了。张博士让大家分别扮演长江、大运河、黄河的角色，进行了别开生面的江河对话和河河对话活动。

有的同学从地理角度讲了长江、黄河与大运河的不同特点和三者之间的联系；有的同学从水运角度对比了长江、黄河和大运河航运的发展；有的同学从历史角度分析了黄河流域、长江流域与大运河沿岸的开发历程；还有的同学从环保的角度，分析了三者的生态与环保情况……

在张博士的引导下，小朋友们发散开自己的思维，进行了丰富多彩的对话。

第四关：大运河跨越了哪四大地形？

"好了，刚才的对话活动，同学们的思考和表达都很有价值！恭喜你们，第三关通过了。下面是第四关。大运河还跨越了我国南北四大地形，有谁知道是哪四大地形吗？"张博士又给大家提出第四关的题目。

这一次大家都不太清楚了。

壮壮想了想，回答说："我知道运河在河北、天津、北京地区经过了华北平原，在山东经过了山地，但我不知道那边的山地应该叫什么地形。"

"回答得很好！"张博士夸奖说，一边指着卫星图告诉大家，"你们看，山东地形多样，包括了山地、丘陵、盆地、平原、湖泊等类型，其中大运河途经的是山东丘陵部分。"

壮游大运河

"还有两大地形，谁能在卫星图上找出来呢？"张博士调出一张卫星图，将江淮、浙江地图放大给大家看。

"我知道。这是淮河以南、长江以北的平原，好像是叫——江淮平原。"一个小朋友指着图片说。

张博士听了，点点头说："对！这里就是江淮平原。那么沿着大运河再往南是什么地形呢？"

"再往南就是浙江的丘陵了。"另一个小朋友看着图片说。

"对！这里是浙江地区的浙闽丘陵。"张博士补充说，"大运河跨越这么多的河流、地形，在修建过程中遇到了运河翻山，运河穿过黄河、淮河等许多技术难题，但凭借着劳动人民的智慧，都一一解决了。古人的智慧真的令我们钦佩啊！"

第五关：哪一个古迹和京杭大运河组成了"人"字？

"恭喜同学们，前面四关都通过啦！"张博士说，"下面是第五关。请问哪一个古迹和京杭大运河组成了一个'人'字呢？请大家仔细观察卫星图，找出答案。"

壮壮和小朋友们一起对着卫星图开始一边寻找，一边讨论。

"是长江吗？还是黄河？"一个同学说。

"不对，大运河和长江、黄河都组不成'人'字，它们组成的都是'X'吧。"一个同学反对。

"会不会是哪座山脉呢？"有人提出建议。

"可是山脉不是古迹啊。"有人反对。

"那会不会是铁路或者公路？"

"也不对，铁路和公路也不算是古迹啊。"

"我知道了。你们看!"壮壮观察着卫星图,忽然发现一个秘密,指着图片说,"大家看,长城是不是能和大运河组成一个'人'字呢?"

"哇!真的哎!东西向的长城和南北向的京杭大运河组成了一个'人'字。答案是长城。"小朋友们说道。

"哈哈!"张博士笑着说,"你们观察得真仔细!第五关的答案确实是长城。恭喜你们答对了!"

接着张博士给大家解释说:"长城和京杭大运河在中国大地上写出了一个'人'字。它们都是中国古人创造的奇迹。在古代,长城保护了历代王朝不被北方游牧民族侵犯,大运河沟通了中国南北方的经济文化交流,它们都对古代中国社会的稳定和发展,做出了巨大贡献。"

"下面,让我们来进行一次'穿越',重温一下我们壮游大运河的旅程。"张博士说着,点开了一个视频。

随着一段激昂的音乐,视频中出现了在太空中旋转的地球。地球一点点放大,聚焦到中国,然后又聚焦到大运河上。

一个光点从宁波开始一点点向北移动。许多小朋友壮游大运河的照片和作品在视频中浮现出来。

"哇!这是我们壮游大运河的路线!"

"我看到了我的照片!"

…………

小朋友们激动地说着。

光点不停地移动,一直到了北京,忽然绽放出璀璨的烟花。

烟花消散后,视频中出现了一段长城。随着画面的放大,壮游大运河的父子们出现在了画面中。

只见他们郑重地拿出了一瓶又一瓶水。

"那是我们在大运河的不同河段采集的河水!"

"对,我们采水的地方有宁波、杭州、扬州、清口枢纽、南旺枢纽、微山湖、通州运河、什刹海、昆明湖……"

画面中,壮游大运河的父子们把一瓶瓶的运河水轻轻倒在了长城上。

张博士说:"有人说,长城是中华民族的脊梁,大运河是中华民族的血脉,这一次,同学们把自己在壮游大运河这数千里旅程中亲手采集的运河水倒在长城上,让中华民族的血脉与脊梁联系在一起。这是一场血脉与脊梁的对话。"

"回顾我们前面的研学旅程,"张博士接着说,"我想,通过这次壮游大运河的研学,你们一定在很多方面获得了提升,有了很多收获,你们的心中对这场血脉与脊梁的对话一定也有了新的体会。"

怎样让梦想在太空中飞翔?

"恭喜大家闯关成功!"张博士神秘地说,"作为奖励,我要帮助大家把自己的梦想放飞到太空上!"

"哇!真的吗?可是怎么样才能让梦想飞到太空上呢?"小朋友们好奇地问。

"大家可以把自己的梦想以文字、图片、声音、视频等形式制作出来。"张博士解释说,"我们会把它们传输到卫星上,再由卫星将大家的梦想传播到太空中,也传回地球。这样我们就能接收到从太空中飞回来的梦想啦!"

接着,小朋友们开心地制作出蕴含着自己梦想的作品,交给张博士。

　　看着蓝蓝的天空,壮壮心想:"什么时候我的梦想可以从太空中飞回来呢?好期待啊!"

大运河研学线路示意图

目 录

一、壮游大运河：开启线下与线上相结合的大运河研学之旅　1

图书、平台、研学手册三位一体　1
研学手册如何使用？　3
线上研学怎么做？　4
线下研学该怎么进行？　13

二、开启研学之旅　16

第1站　宁波｜天一阁　16
第2站　杭州｜西湖　18
第3站　嘉兴｜长安闸　20
第4站　嘉兴｜南湖　22
第5站　苏州｜枫桥　24
第6站　无锡｜中国民族工商业博物馆　26
第7站　常州｜奔牛镇　28
第8站　镇江｜芙蓉楼　30

第9站	扬州｜瓜洲古渡	32
第10站	扬州｜曲江公园	34
第11站	扬州｜朱自清故居	36
第12站	扬州｜运河三湾风景区	38
第13站	扬州｜邵伯古镇	40
第14站	淮安｜清口水利枢纽遗址	41
第15站	淮安｜漕运总督府遗址	43
第16站	泗阳｜中国杨树博物馆	45
第17站	开封｜清明上河园	47
第18站	洛阳｜含嘉仓遗址	50
第19站	洛阳｜隋唐大运河博物馆	52
第20站	安阳｜中国文字博物馆	54
第21站	枣庄｜铁道游击队纪念园	56
第22站	台儿庄｜台儿庄大战纪念馆	59
第23站	济宁｜南旺分水枢纽工程遗址	62
第24站	泰安｜泰山	64
第25站	德州｜苏禄王墓	66
第26站	沧州｜谢家坝	69
第27站	北京｜通惠河北京旧城段	70
第28站	北京｜故宫博物院	73
第29站	北京｜天安门广场	75
第30站	北京｜中国航天博物馆	78

附：研学相关应用文档　　　　　　　　80

1. 研学线路表　　　　　　　　80
2. 壮游档案　　　　　　　　　82
3. 壮游公约　　　　　　　　　82
4. 研学中需要注意的事项　　　83
5. 装备清单　　　　　　　　　85
6. 城市气温、穿衣提示小卡片　86
7. 壮游大运河研学之旅行前自评表　87
8. 我的壮游宣言　　　　　　　88
9. 父母/老师的壮游寄语　　　89
10. 研学活动评价表　　　　　　90

一、壮游大运河：

开启线下与线上相结合的大运河研学之旅

图书、平台、研学手册三位一体

每一次阅读都是心灵的一场旅行，而每一场旅行也都是一次身心合一的阅读。从大禹踏遍祖国山河治理洪水到孔子带着儒家弟子周游列国，从玄奘西游到鉴真东渡，"知行合一""读万卷书，行万里路"一直都是我们的传统。

与《壮游大运河》图书配套的壮游大运河研学活动正是一场在大运河上展开的胸怀壮志的研学之旅，旨在将研究性学习和壮游体验相结合，以知识建构理论、综合实践课程理论、多学科融合理论、知行合一理论、主动人生和壮游理念等为基础，通过"教学做合一"，设计线上与线下相结合的研学内容，用沉浸式的阅读体验、研学体验，来培养孩子的科学思维和学习能力，并进一步培养孩子良好的思想品德和健全人格，实现"立德树人"的教育目标。

而这本《壮游大运河研学手册》正是连接《壮游大运河》图书

与壮游大运河研学活动的通道，是一把为读者开启线上、线下大运河研学之旅的钥匙。

在线下，《壮游大运河》图书以30个大的课题为章节，激发读者的探索欲望；在每一章中将大的问题进一步划分为一个个小的问题，让读者带着问题去阅读，边阅读边探索边思考。同时，我们在《壮游大运河研学手册》中结合每一章内容为读者推荐了相关的研学点及研学线路，读者可以根据自己的需要合理安排线下的实地研学活动。

在线上，对应每一章的内容，我们还在大运河国家文化公园数字云平台——研学大运河平台（简称"研学大运河云平台"）上准备了"云游运河""线上研学""运河创客"等精彩内容。读者只需扫描二维码就可以开启自己的大运河线上研学之旅。

其中，研学大运河云平台的"云游运河"部分，按照"全域研学""城市研学""红色研学""探索运河""趣说运河"等栏目，整理出了与大运河相关的近300篇文章及配套的图片、视频，为读者通过线上研学等方式了解运河历史与文化创造了条件。

在"线上研学"部分，我们准备了与运河相关的数十条线上研学线路，读者可以根据自己的需要，选择喜欢的线路开启自己的大运河线上研学之旅。

此外，云平台上还有"运河52课""运河思政课""运河C+stem课""红色运河"等系列内容。读者可以扫码登录云平台，选择自己喜欢的内容来更加深入广泛地了解中国大运河文化。

读者还可以在云平台的"少年运河说"版块发表自己在阅读、研学过程中的感想、体悟和倡议，和全国读者一起分享交流。

这样，整个阅读的过程也是读者探索、发现、思考、创造的过

一、壮游大运河：开启线下与线上相结合的大运河研学之旅

程。在这个过程中，读者能够饱览运河沿岸独特风光，了解与运河有关的优秀传统文化，亲近自然，动手实践，进行课题探索，并形成认识世界、放眼全球、共担责任的意识。

研学手册如何使用？

这本《壮游大运河研学手册》是为《壮游大运河》图书及其衍生的线上、线下研学活动特别编写的，其目的是对读者在图书的阅读以及线上、线下大运河研学过程中的探究与实践起到指导、提示和辅助的作用。

本手册的第二部分"开启研学之旅"是主体，包括"研学主题""云游运河""运河创客""推荐研学点及线下研学线路""运河百科""少年运河说"6个版块。其中，"研学主题"提出大家感兴趣的问题，这一问题基本与《壮游大运河》一书相应章节一致，读者可以通过阅读图书得到答案。"云游运河""运河创客"是研学大运河云平台上的栏目名称，读者可以通过本手册提供的关键词定位平台上的相关视频、图文资料，进行深入了解。"推荐研学点及线下研学线路"和"运河百科"，顾名思义，是推荐更多的研学点和线路，并进行知识拓展。这两个版块是本手册独有的内容，便于读者按图索骥，找到自己感兴趣的游学点和游学线路。"少年运河说"与平台上的"少年运河说"一致，读者可以将研学心得手写在本手册此栏目空白方框内，并拍照上传到线上，也可以直接在线上填写。本手册的第三部分提供了10份应用文档和表格，读者可以根据自己的需要选用。

读者可以结合自己的兴趣，充分利用我们的《壮游大运河研学

手册》，根据本手册中的相关操作说明在研学大运河云平台的"云游运河""线上研学"等版块开展线上研学，并上传自己研学的照片、记录的笔记、制作的手工作品的照片等，借助平台功能来整理自己的收获，抒发自己的感想，表达自己的倡议，记录自己的成长。当这段旅程结束时，你不仅会拥有一部属于自己的"壮游大运河文化手账"，还会获得一套云平台自动生成的可视化成长记录！相信这将是一份值得你回忆与珍藏的宝藏。

同时，本手册也对同学们的社交礼仪规范、日常生活习惯、公共行为素养、独立生活能力等方面做出了指导与要求，对于线下研学可能发生的事故与意外做了必要的提示。

线上研学怎么做？

同学们的线上研学在研学大运河云平台上展开，它的电脑版界面如下：

一、壮游大运河：开启线下与线上相结合的大运河研学之旅

它的微信小程序界面如下：

线上研学主要通过平台上的"云游运河""线上研学""运河创客"三个版块来实现。

（1）"云游运河"

"云游运河"是研学大运河云平台中的重要组成部分。该功能以地理坐标的形式，勾勒出了一条包含京杭大运河、隋唐大运河、浙东运河三段运河不同走势、不同地域、不同主题的"知识运河"。

5

目前该功能共开设"全域研学""城市研学""红色研学""探索运河""趣说运河"五大主题，其中"探索运河"栏目又细分为"时代变迁""工程智慧""古今人物""非遗传承"四大子栏目。依照主题及分类，从历史、建筑、风俗、科技、文化、水文、桥梁、水利、市井生活等不同视角切入，充分展现出运河与沿岸城市、百姓生活间的深厚关联。

"探索运河"中的"时代变迁"栏目，向读者讲述不同时代发生在运河之畔的一个又一个动人的故事。"工程智慧"栏目，通过对不同河段的开凿、治理以及水利工程的兴建等知识的介绍，让读者既能了解我国古代水利技术的先进，又能感受大运河的历史发展。"古今人物"部分，向读者集中展示了千百年来无数名臣能吏治理大运河的故事和运河边诞生的古今名人的故事。"非遗传承"部分则为我们展示了湖州辑里湖丝、扬州杖头木偶、泰安泰山皮影等运河两岸的数十种非物质文化遗产。

在《壮游大运河研学手册》的"云游运河"部分，我们从研学大运河云平台的"云游运河"版块选取了一个视频推荐给读者，读者按本手册提供的关键词即可找到。除此以外，读者还可从"云游运河"中自由选取更多自己感兴趣的文章或视频进行学习。

总体上，"云游运河"凭借所汇集的与运河相关的大量图文及视频资料，突破时间与空间的局限，系统地展示了大运河的开凿历史、沿岸风貌、文化资源、历史影响等。读者可随时随地在线云游运河，自主探索运河，开启自己的运河研学之旅。

读者可以通过以下几个步骤进入"云游运河"：
1. 登录"研学大运河"线上平台电脑网页版或微信小程序版。
电脑网页版地址：https://www.yxdyh.com/#/。

一、壮游大运河：开启线下与线上相结合的大运河研学之旅

微信小程序二维码：

2. 点击进入《壮游大运河》图书专栏。

3. 点击并进入"云游运河"版块，选择相应类别进行学习，如：

（2）"线上研学"

"线上研学"版块的核心内容是研学点和研学线路。在这一版块，我们精心筛选出了数百个研学点，按照不同主题选择相应的研学点串联成各具特色的研学线路，并根据不同主题设计出相应的线路亮点、线路简介、研学目标、行程安排等内容，在每个研学点都设置了"看一看"的视频和图片资料、"读一读"的图文信息、"听一听"的历史故事等拓展内容，以及"学一学"的课程内容、"测一测"的测试题目、"做一做"的手工实践内容。有了这些丰富、立体的内容作为支撑，读者才能获得良好的线上研学体验。

为了给予读者更好的研学体验，"线上研学"版块模拟实际研学过程，设置了行前预习、自我评估、探索求知、行为培养、行后认知、总结分享、研学报告七个环节。

行前预习环节读者可以通过任务介绍、研学寄语、行前小课堂、行程安排等模块系统了解本次研学的目标、行程和注意事项，确保线上研学效果。

自我评估环节是在研学开始前对读者相关素养的测试。

探索求知环节是线上研学的主体环节。读者可以按照研学线路规划的顺序，选择第一站、第二站……直到最后一站的研学点，每个研学点都会有相关的简介以及"看一看""读一读""听一听""学一学""测一测""做一做"这些内容。在这里读者可以通过视频、音频、图片、文字以及手工操作等多种方式来逐步加深对研学点的了解，感受沉浸式的线上研学。

行为培养环节是我们制作的一个垃圾分类小游戏，可以让读者通过轻松的游戏掌握垃圾分类的技巧，培养垃圾分类的习惯，为环保事业贡献我们的力量。

行后认知环节是研学主体内容结束后对读者相关素养的测试。与研学开始前的测试相比较就能呈现出读者通过本次研学获得的成长和进步。

在总结分享环节,读者可以填写自己对本次研学活动的总结记录,上传自己研学过程中拍摄的照片、撰写的笔记、制作的手工等内容,来和伙伴们一起交流。

研学报告环节,可为每一位参加研学的同学自动生成一份研学成长报告,同学们通过这份报告可以直观地看到自己在本次研学中的得分和取得的进步。

基于研学大运河云平台开展的壮游大运河研学项目已被纳入江苏省终身教育学分银行的学分体系。参与者有关壮游大运河研学的成果将获得"江苏省终身教育学分银行——壮游大运河研学"系列研学活动的学分认证。

此外,无论是线上还是线下研学,同学们在完成研学活动后,在"少年运河说"版块填写研学感受,或者直接在线上研学线路中填写相关内容、上传研学照片,参加线上、线下研学的分享、交流活动,就有机会获得"壮游大运河"特邀体验官资格,免费参加线下研学活动!

具体操作方式如下:

1. 登录"研学大运河"线上平台电脑网页版或小程序版。

电脑网页版地址:https://www.yxdyh.com/#/。

微信小程序二维码:

2. 点击进入《壮游大运河》图书专栏。

3. 点击并进入"线上研学"版块，选择相应的研学线路进行研学体验。

4. 点击所选研学线路下的"线路详情"进入线路详情页，浏览线路亮点、学科融合、线路简介、行程安排等内容。

5. 点击"开启研学"，进入研学流程图页面，开始第一环节"行前预习"。根据任务介绍中的提示，观看研学寄语、行前小课堂视频，查看本次研学活动的研学目标、行程安排和物料准备内容。

6. 点击流程图上的"自我评估"，回答相关测试题目。

7. 点击流程图上的"探索求知"，并在站点（研学点）选择的下拉框中依次选择第一站、第二站……直到最后一站研学点。学习该研学点"看一看""读一读"等相关内容。

8. 点击流程图上的"行为培养"，学习垃圾分类等知识，培养良好行为习惯。

9. 点击流程图上的"行后认知"，回答相关测试题目。

10. 点击流程图上的"总结分享"，填写自己对本次研学活动的总结记录，上传自己研学过程中拍摄的照片、撰写的笔记、制作的手工等内容。

11. 点击流程图上的"研学报告"，查看系统自动生成的《研

一、壮游大运河：开启线下与线上相结合的大运河研学之旅

学成长报告》，看一看自己在本次研学过程中的收获、成长和进步，并与家人、朋友分享。

（3）"运河创客"

"运河创客"版块，从《壮游大运河》图书出发，根据每一章节的内容，设计了相关手工实践课，包括运河闸坝、桥梁、船舶及园林模型、橡皮章雕刻等从运河中衍生出的相关科技、水利、文化、非遗项目。读者可以在线上了解对应各个运河城市开展的、独具特色的科学实验、模型制作等运河文创内容，还可以购买相关教具，在线下自己动手操作，做一名运河创客，创造出属于自己的运河文创产品。

操作方式：

1. 登录"研学大运河"线上平台电脑网页版或小程序版。

电脑网页版地址：https://www.yxdyh.com/classroom/3。

微信小程序二维码：

2. 点击进入《壮游大运河》图书专栏。

3. 点击并进入"运河创客"版块，选择相应的课程开始体验。

一、壮游大运河：开启线下与线上相结合的大运河研学之旅

线下研学该怎么进行？

如果你想去某大运河研学点实地研学，却没有专业的研学老师带队，那么怎样获得更好的线下研学体验呢？

不用担心，只要你使用好本研学手册，并结合研学大运河云平台提供的线上研学功能，就可以获得科学、系统、全面的研学指导，享受一次积极、健康、快乐的研学体验。

以下是使用研学大运河云平台开展线下研学的操作流程，供你参考。

1. 行前预习

行前预习指研学者预先了解线路基本信息，以引起学习兴趣，为研学旅行行中与行后目标的完成奠定基础。

参考目标：

（1）完整观看"研学寄语""行前小课堂"视频，了解研学旅行前需做好哪些准备；

（2）完整查看线路基本信息，确定研学目标、行程安排及所需准备的物料。可使用本手册第三部分的表格和文档。

2. 行前自测

自我认知是自我调整的重要条件，亦是研学者自身不断成长和突破自我的根基所在。

参考目标：

完成"测一测"环节，以在行前对自身进行综合评估，加深自我认知，利于与行后自测进行比对。

3. 研学现场

参考目标：

（1）旅途打卡：抵达研学点后进行实时定位打卡，并记录当时的见闻和感受，形成对研学点的初步印象。

（2）问题解决与价值体认：提出问题，解决问题，形成对于此次研学点所涉及的正向价值的体认。

（3）创意物化：将研学中动手实践的过程或成果记录下来。如无动手实践环节，可将当地特色手工艺品记录下来。

（4）知识拓展：通过研学大运河云平台上与研学点相关的课程的学习，达到知识拓展目的。

4. 行后认知

参考目标：

研学旅行结束后，完成"行后认知"环节，对自身综合能力再次进行测评，结合行前测评结果，做有针对性的自我调整与突破。

5. 总结分享

通过对本次研学旅行所学所感的系统总结，强化感性认知与理论知识架构，而分享无疑是研学者进行总结的最好方式之一。

参考目标：

（1）结合此次研学旅行的感受，结合线路主题发起倡议，培养责任担当意识。

（2）将对本次研学旅行的总结记录分享于研学大运河云平台，可加深理解，促进自我能力的提升，同时为其他研学者提供参考。

（3）形成本次研学旅行的《研学成长报告》，为本次研学旅行画上圆满的句号。

二、开启研学之旅

第1站　宁波｜天一阁

研学主题： 大运河上最大的藏书阁在哪儿？

云游运河

云游运河・全域研学：

宁波・海河对话｜大运河+海丝：海上丝绸之路，串起长三角文化旅游带。

运河创客

运河驶向大海：万吨货轮电动船模/宁波金银绣。

推荐研学点及线下研学线路

宁波三江口、上海三联韬奋书店、宁波博物馆、天一阁、王守仁故居。

二、开启研学之旅

浙东运河宁波段示意图

运河百科：天一阁

天一阁位于浙江省宁波市，是我国古代著名的藏书楼。天一阁修建于明朝嘉靖四十年至四十五年，即1561年至1566年，建造者是明代兵部右侍郎范钦，距今已有400多年的历史。

天一阁的名字取自《易经》中的"天一生水"，有防火的寓意。天一阁藏书楼是砖木结构的硬山顶重楼式传统建筑，坐北朝南，高8.5米。斜坡屋顶方便排水，白墙青瓦典雅秀丽。藏书楼分两层，一层用于隔开地面的潮气，二层用于藏书。整个二层除楼梯间外是一个大通间，其间以书橱作为间隔，分割出一个个充满书香气息的小空间。这样的设计既方便藏书、找书、看书，又方便通风换气，保持室内的干燥，有利于书籍的保存。

天一阁的前面还凿了天一池与月湖相通，万一发生火灾，可以从池中取水灭火。同时，天一阁藏书楼与周围的亭台、水池等也组成了典型的江南庭院式园林，集功能与美观于一身。

1994年11月，天一阁改制，与宁波博物馆合并，成为宁波市天一阁博物馆。2018年10月29日,天一阁·月湖景区被文化和旅游部确定为国家5A级旅游景区。

少年运河说

第2站 杭州｜西湖

研学主题：是谁让西湖变得如此美丽？

云游运河

云游运河·全域研学：

杭州·河湖对话｜大运河+古新河：古新一河穿城过,碧水青山满城绿。

二、开启研学之旅

运河创客

运河古塔玲珑：雷峰塔榫卯模型。

推荐研学点及线下研学线路

西湖、中国丝绸博物馆、凤山水城门遗址、富义仓、中国京杭大运河博物馆、广济桥。

江南运河杭州段示意图

运河百科：西湖

西湖位于杭州市区西部，是我国著名的旅游胜地，白居易、苏轼等历代诗人在此留下了许多优美的诗词、散文等文学作品。

西湖的南、西、北三面环山，湖中有白堤、苏堤、杨公堤、赵公堤等堤坝，记录了历代治理西湖的历史。

西湖有断桥、雷峰塔、钱王祠、净慈寺、苏小小墓等100多处景点，其中有60多处被列为国家级、省级、市级重点文物保护单位。西湖还有20多座博物馆，显示了西湖丰富的历史文化底蕴。

2011年6月24日，"杭州西湖文化景观"正式被列入世界文化遗产名录。

少年运河说

第 3 站 嘉兴｜长安闸

研学主题：船为什么要爬上大坝？

云游运河

云游运河·探索运河·时代变迁：
嘉兴·江南运河｜追溯江南运河的人文风情。

运河创客

运河堤坝智慧：堤坝模型。

推荐研学点及线下研学线路

长安闸、长安坝、朱彝尊故居、秀洲运河文化公园、长虹桥、

二、开启研学之旅

嘉兴图书馆。

江南运河嘉兴段示意图一

运河百科：长安闸

长安闸是大运河上现存最早的复式船闸，位于浙江嘉兴海宁市长安镇。

这里曾有老长安坝、新长安坝、澳闸（含上中下三个闸门和两个水澳），现在仅存长安堰旧址（老坝）、上中下三闸遗址、闸河等。

长安闸始建于唐贞观年间（627—649），当时是江南运河交通和军事上的枢纽。在宋熙宁元年（1068），长安堰改建为长安三闸的复式船闸。

长安闸既有船闸，也有拔船坝。船只经过时，大船或载货的船走船闸，而小船、空船则通过拔船坝上下塘河。

其采用三闸两澳复式结构，通过各设施的联合运用和严格的管理措施，达到引潮行运、蓄积潮水、河水循环利用的多重工程目的，代表了当时水利航运设施建设的世界先进水平，具有较高的历史、科学价值。

2011年1月,长安闸被公布为浙江省省级文物保护单位。

2014年中国大运河作为文化遗产正式被列入世界遗产名录,长安闸被列为其中的一个运河文化遗产点。

少年运河说

第4站 嘉兴｜南湖

研学主题：南湖红船承载着什么样的精神？

云游运河

云游运河·红色研学：

嘉兴·南湖景区｜发扬红船精神,解读红色革命的辉煌历史。

二、开启研学之旅

运河创客
古代运河船舶：古船模型/红船模型。

推荐研学点及线下研学线路
嘉兴南湖、南湖革命纪念馆、茅盾故居、丰子恺故居。

江南运河嘉兴段示意图二

运河百科：嘉兴南湖

嘉兴南湖位于浙江省嘉兴市东南部，与大运河水脉相连，是由运河各条渠道汇流而成的湖泊。

南湖最早形成于汉代，三国时期称为陆渭池，唐代时改名南湖，唐代以后又有过滮湖、鸳鸯湖、马场湖和东南湖等称呼。

1921年中共一大在嘉兴南湖红船上举行。1959年南湖革命纪念馆成立。1985年，邓小平为南湖革命纪念馆题写了馆名。2010年5月，南湖景区成为我国第一批全国廉政教育基地。2011年9月，南湖旅游区被国家旅游局批准为国家5A级旅游景区。

少年运河说

第5站 苏州｜枫桥

研学主题：运河上的乡愁是一种什么样的滋味？

云游运河

云游运河·全域研学：

苏州·河湖对话｜大运河+历史：一湖润江南，一河通古今。

运河创客

运河苏式园林：苏式园林模型。

推荐研学点及线下研学线路

吴江运河古纤道、宝带桥、盘门、枫桥景区、山塘历史文化街区、平江历史文化街区。

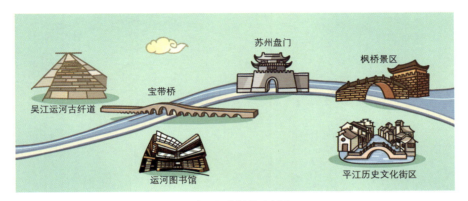

江南运河苏州段示意图

运河百科：苏州盘门

盘门，位于苏州市姑苏区，古称蟠门，是吴都八门之一，也是中国唯一保留完整的水陆并列的古城门。

现在的盘门是元、明、清三个朝代陆续修建而成的，它的总体布局和建筑结构基本保持了元末明初的状态。

盘门并列着水、陆两个城门。其中水门下的水路与运河连通，古代在大运河上南来北往的客商可以从水门进入苏州城。

2006年5月25日，盘门被国务院列为第六批全国重点文物保护单位。

2014年，中国大运河申遗成功，盘门成为世界文化遗产点之一。

少年运河说

第6站 无锡｜中国民族工商业博物馆

研学主题：运河上的红色资本家是谁？

云游运河

云游运河·全域研学：

无锡·江河对话｜大运河+古运河：无锡古运河，江南水乡。

运河创客

运河精神食粮：运河粮食画。

推荐研学点及线下研学线路

无锡博物院、中国民族工商业博物馆、清名桥历史文化街区。

二、开启研学之旅

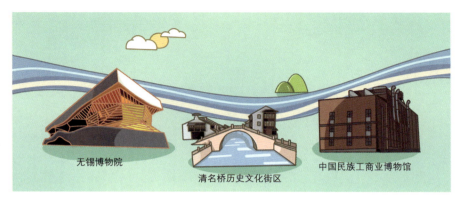

江南运河无锡段示意图

运河百科：无锡清名桥历史文化街区

清名桥历史文化街区位于无锡南长区，是中国大运河世界文化遗产点之一。这里有伯渎港、清名桥以及寺、塔、水弄堂等人文景观，其中包含了水弄堂文化、江南民俗、民族工商业文化等多种文化形态。

其中的伯渎港是3200多年前吴国第一代君主泰伯来到吴地后所开凿的人工水道，是中国有史记载的最古老的运河之一。运河名桥清名桥，就位于无锡段古运河与伯渎港的交汇处。著名的水弄堂就处在南长桥到清名桥的古运河两岸。这里户户临运河，家家有码头，粉墙黛瓦，错落有致，呈现出温婉雅致的江南水乡风貌。

2014年，中国大运河申遗成功，入选世界文化遗产名录。无锡清名桥历史文化街区同时成为中国大运河文化遗产点之一。

少年运河说

第 7 站　常州｜奔牛镇

研学主题： 运河上为什么建船闸？

云游运河

云游运河・探索运河・时代变迁：
常州・毗陵驿｜探寻运河城市的历史变迁。

运河创客

运河水工：水闸模型。

推荐研学点及线下研学线路

奔牛老街、天宁宝塔、半山书局新世纪商城店、常州博物馆、青果巷。

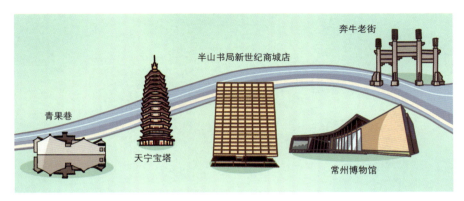

江南运河常州城区段示意图

运河百科：常州奔牛老街

常州奔牛镇是我国著名的古镇，有着2100多年的历史。奔牛镇是大运河水路要冲，是古代漕运的枢纽，早在1000多年前就建有奔牛堰、奔牛闸。

在宋代，奔牛镇是武进县四大重镇之一。苏东坡、陆游、杨万里等著名诗人都曾写过关于奔牛镇的诗词、文章。

清朝乾隆皇帝南巡的时候，他的车驾就曾在这里驻扎。乾隆还令士兵们在这里进行了一次射箭比赛。为此他还写下了一首诗来勉励将士："舣棹河滨早，抨弦弓手调。振声皆有度，连中岂须骄。问俗来南国，诘戎重本朝。从行诸将士，慎尔勉勒劳。"

现在的奔牛老街还保留着青砖黛瓦的吊脚楼、古井、古桥和木排门等传统民居特色，呈现出小桥流水人家的江南古韵。

少年运河说

第8站 镇江｜芙蓉楼

研学主题： 运河上的送别是什么滋味？

云游运河

云游运河·探索运河·时代变迁：
镇江·丹徒水道｜江南运河北端通江河道的雏形。

运河创客

运河申遗邮戳：橡皮章雕刻。

推荐研学点及线下研学线路

镇江芙蓉楼、西津渡历史文化街区、镇江博物馆、京口闸遗址。

二、开启研学之旅

江南运河镇江段示意图

运河百科：镇江芙蓉楼

江苏镇江芙蓉楼是江南名楼之一，位于镇江金山风景区内，由东晋时期的刺史王恭初建。唐代诗人王昌龄在此写下流传千古的诗篇《芙蓉楼送辛渐》，从此芙蓉楼名闻天下。

现在的芙蓉楼是1992年人们在原址上重建的仿古建筑，楼高19米，上下两层，占地1000多平方米。楼上匾额的"芙蓉楼"三字由江泽民题写。在芙蓉楼的两侧，有冰心榭、掬月亭，另有湖中三塔映月的景观。

少年运河说

第9站 扬州｜瓜洲古渡

研学主题： 连通大运河与长江的门户在哪里？

云游运河

云游运河·探索运河·工程智慧：
扬州江都水利枢纽｜水脉源头，江都枢纽。

运河创客

运河繁忙码头：组装码头吊机模型。

推荐研学点及线下研学线路

瓜洲古渡、施桥闸、江都水利枢纽。

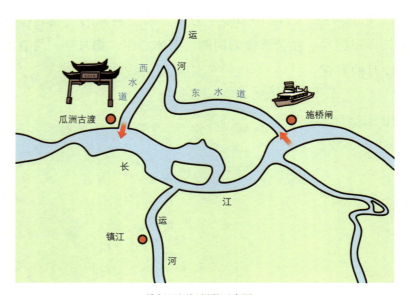

淮扬运河扬州段示意图一

二、开启研学之旅

运河百科：瓜洲古渡

瓜洲古渡，位于扬州市大运河下游与长江的交汇处，是古代连接长江和大运河的咽喉要冲，有"江北重镇"之称。

在古代，瓜洲古渡的位置十分重要，长江和大运河上往来的人们都要通过这里。

历史上，唐代的鉴真东渡，就是从这里起航去日本的。

南宋时期，瓜洲还曾是南宋将领抗金的前线，宋军曾在这里大败南下侵宋的金国君主完颜亮。

清朝的康熙和乾隆两位皇帝南巡时，都曾在瓜洲驻扎。

现在，瓜洲古渡成了扬州著名的旅游区，建设有古运河风光带、江口岛、瓜洲闸、江滨浴场、江口古街、芦苇野趣园、林果观光园和大桥风景区八大景区。

少年运河说

第 10 站　扬州｜曲江公园

研学主题：运河上的春江花月夜是什么样的？

云游运河

云游运河·城市研学：

扬州·文脉｜寻根大运河城市文化脉络。

运河创客

运河写意园林：古典园林模型。

推荐研学点及线下研学线路

何园、卢绍绪宅、盐宗庙、汪氏小苑、个园、曲江公园。

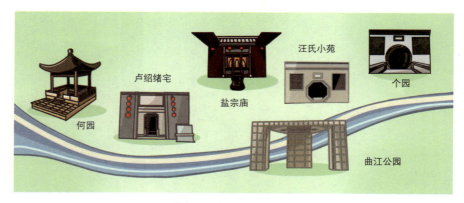

淮扬运河扬州段示意图二

运河百科：扬州园林

扬州园林历史悠久，风格独特，在我国园林中占有十分重要的地位。

与其他地方的园林相比，扬州园林更注重园林院落的组合、水景的处理、山石的安排，每一个扬州园林都有它独特的设计理念。

扬州园林中，具有代表性的有瘦西湖、个园、何园、小盘谷、逸圃、匏庐、卢氏盐商住宅、冶春园、珍园、蔚圃、明月楼、刘庄、怡庐、汪氏小苑、吴道台宅第、西园、徐园、盐宗庙等。其中的瘦西湖、个园、何园、汪氏小苑、卢氏盐商住宅、盐宗庙等被列入扬州盐业历史遗迹，成为中国大运河文化遗产点之一。

少年运河说

第11站 扬州｜朱自清故居

研学主题：运河之畔的背影包含着怎样的情感？

云游运河

云游运河·探索运河·非遗传承：
扬州非遗｜雕版印刷。

运河创客

运河精美刺绣：刺绣香包。

推荐研学点及线下研学线路

朱自清故居、扬州中国雕版印刷博物馆、东关历史文化旅游区、东关古渡。

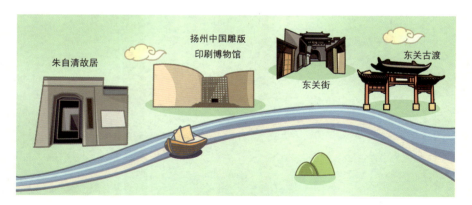

淮扬运河扬州段示意图三

二、开启研学之旅

运河百科：扬州中国雕版印刷博物馆·扬州博物馆

扬州中国雕版印刷博物馆、扬州博物馆新馆（简称"扬州双博馆"）位于扬州新城西区的人工湖西侧。

馆内设有"广陵潮——扬州城市故事"、扬州八怪书画、馆藏明清书画、国宝厅、扬州古代雕刻、中国雕版印刷展厅、扬州雕版印刷展厅和一个临时展厅，共计八个展厅。

扬州中国雕版印刷博物馆是我国唯一一座雕版印刷博物馆，分为中国馆、扬州馆两大部分。

其中，扬州馆里陈列着20多万片珍贵的古代雕版，还展示了我国历代雕版工艺的发展、历代雕版印刷的成就，以及我国印刷技术对世界印刷史的深远影响。

在中国馆的展厅中，设有互动演示区。这里有几位雕版印刷的技术传承人在现场为观众演示造纸、写样、刻版、刷印、装订等相关工艺。观众还可以参与到其中各个流程的制作中，亲身体验我国古代的雕版印刷技术，感受中国古人的智慧。

少年运河说

第 12 站　扬州｜运河三湾风景区

研学主题：夫差为什么要挖运河？

云游运河

云游运河·探索运河·时代变迁：
扬州·通扬运河｜追溯运河的前世今生。

运河创客

运河扬州画派：创意绘画。

推荐研学点及线下研学线路

中国大运河博物馆、文峰塔、瘦西湖。

春秋时期邗沟示意图

二、开启研学之旅

运河百科：邗沟

邗沟是公元前486年吴王夫差下令开凿的运河，也称为渠水、韩江、中渎水、山阳渎等。经过历代发展，最早的邗沟已经变成了现在的淮扬运河。

淮扬运河从江苏省淮安市到扬州市，是大运河从淮河到长江之间的这一段，全长170多千米，至今仍在发挥着水运功能。

2014年，淮扬运河的淮安段、扬州段等河段随着中国大运河申遗成功，都被列入遗产名录。

淮安、扬州地区运河沿岸的15处古迹被列为大运河遗产点。这15处大运河遗产点包括：清口水利枢纽、双金闸、清江大闸、洪泽湖大堤、总督漕运公署遗址、刘堡减水闸、盂城驿、邵伯古堤、邵伯码头、瘦西湖、天宁寺行宫、个园、汪鲁门宅、盐宗庙、卢绍绪宅等。

少年运河说

第13站 扬州｜邵伯古镇

研学主题： 九牛二虎一只鸡有什么奥秘？

云游运河

云游运河·探索运河·工程智慧：
扬州·运河三湾｜运河三湾顶一闸。

运河创客

运河之都名桥：古桥模型。

推荐研学点及线下研学线路

运河三湾风景区、邵伯运河生态公园、邵伯明清运河故道。

淮扬运河扬州段示意图四

运河百科：邵伯古镇

邵伯古称步丘、甘棠、邵伯埭（dài），已有1600多年的历史。

邵伯原名步丘。385年，东晋著名政治家、军事家谢安在这里筑埭治水。百姓感念谢安的功绩，把他比作西周时的召公（邵公），并把原来的地名改成了邵伯。

隋唐大运河开通之后，邵伯古镇处于运河要冲，设有邵伯闸、邵伯堤、邵伯码头等运河水利设施。运河上南来北往的客商都会经过这里，邵伯便成了运河上有名的商埠。

2014年中国大运河申遗成功，邵伯地区的明清运河故道、邵伯码头、邵伯古堤等相应成为中国大运河遗产点。

少年运河说

第14站 淮安｜清口水利枢纽遗址

研学主题：大运河怎么穿过黄河、淮河？

云游运河

云游运河·探索运河·工程智慧：

淮安·清口枢纽｜大运河上最具科技含量的枢纽工程之一。

运河创客

运河虹吸穿越：倒虹吸模型。

推荐研学点及线下研学线路

洪泽湖大堤、清口水利枢纽遗址、双金闸、清江闸、吴承恩故居、中国漕运博物馆、淮安博物馆。

淮扬运河淮安段示意图一

运河百科：清口水利枢纽

清口水利枢纽位于江苏淮安，在历史上曾是黄河、淮河、大运河三条河流的交汇之地，也是大运河上最具科技含量的水利枢纽之一。

清口水利枢纽历来是治理黄河、淮河、大运河的关键，明清两代曾投入了大量的财力、物力和人力，对清口水利枢纽进行不断的维护、改造、完善，保证了漕运的畅通。

在清口49平方千米的范围内分布着53处各种类型的文化遗产。

2014年，中国大运河成为世界文化遗产的同时，清口水利枢纽遗址、双金闸、清江闸、洪泽湖大堤等也被列为中国大运河遗产点。

少年运河说

第15站　淮安｜漕运总督府遗址

研学主题： 漕运总督都做些什么呢？

云游运河

云游运河·探索运河·工程智慧：

淮安·亚洲最大水立交｜淮河入海水道大运河立交。

运河创客
运河精致生活：手工盆景。

推荐研学点及线下研学线路
总督漕运部院遗址、中国漕运博物馆。

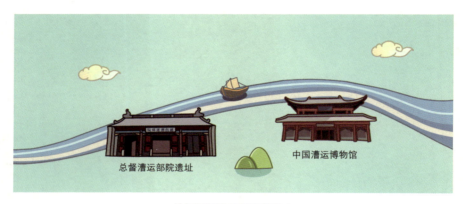

淮扬运河淮安段示意图二

运河百科：总督漕运部院（漕运总督府）遗址

总督漕运部院（漕运总督署）遗址位于江苏省淮安市，是明、清两代统管全国漕运事务的漕运总督的官署，是古代漕运文化的重要遗存。

总督漕运部院衙门虽然处于地方，却是朝廷的派出机构，历任总督都是由有名望的勋爵大臣担任。明代的漕运总督有王竑、李三才、史可法等，清代的漕运总督有施世纶、琦善、穆彰阿、恩铭、杨殿邦等。漕运总督在管理漕运的同时往往还兼任巡抚，权

二、开启研学之旅

力很大。

在古代,漕运是国家大事,作为主管漕运的部门,总督漕运部院机构庞大,清朝时其中的文武官员有270多人,而总督漕运部院下辖的粮仓、造船厂、卫漕兵厂等更是规模庞大,有20000多人。

原来的漕运总督署建筑已于20世纪40年代损毁,现在的遗址是2002年8月淮安市在旧城改造中挖掘出的房基、础石等遗存。

少年运河说

第16站 泗阳｜中国杨树博物馆

研学主题:泗水之滨可以寻到哪些芳华?

云游运河

云游运河・探索运河・时代变迁：

泗阳・中运河｜京杭大运河江苏北段。

运河创客

运河美好生活：太阳能风车。

推荐研学点及线下研学线路

中国杨树博物馆、妈祖文化园、南园风景区。

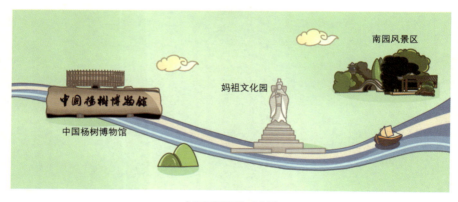

中运河泗阳段示意图

运河百科：中运河

  中运河也称中河，是京杭大运河江苏北段，属于淮河流域沂沭泗水系，流经邳州、新沂、宿迁、泗阳、淮阴等地。现在的中运河是在明、清两代开挖的泇运河和中河基础上拓宽、疏浚改建而成。中运河上与鲁运河最南段台儿庄地区的韩庄运河相接，下与淮安地区的淮扬运河（里运河）相接，全长186千米，如果加上微山湖西部运河航道则全长约300千米。

中运河的主要支流有不牢河、邳苍分洪道、老西泇河、城河、房亭河、民便河等。沿线建有解台船闸、刘山船闸、皂河船闸、宿迁船闸、刘老涧船闸、泗阳船闸、淮阴船闸等船闸，以及徐州港、铜山港、邳州港、宿迁港、泗阳港、淮阴港等港口。

中运河在清朝以前主要为漕运航线，清末漕运废止后运河逐渐衰落。中华人民共和国成立后经过治理，中运河成为具备行洪、排涝、航运、输水等功能的综合性河道，同时中运河还是南水北调东线的输水通道。

少年运河说

第17站 开封｜清明上河园

研学主题：为何说上河原来是运河？

云游运河

云游运河·探索运河·古今人物：

开封｜王景为何能得到"王景治河，千载无恙"的评价？

运河创客

运河微缩世界：水晶滴胶干花模型。

推荐研学点及线下研学线路

北宋东京城遗址、清明上河园、东西水门遗址、龙亭公园、铁塔（祐国寺塔）。

通济渠开封段示意图

运河百科：通济渠（汴河）

通济渠，又称汴河、汴水，是隋炀帝杨广在先秦鸿沟、东汉汴渠等基础上修建的运河，是隋唐大运河的一部分。

通济渠北起洛阳西苑，南抵扬子渡口，是隋唐大运河的首期工程，连通了黄河与淮河两大水系，促进了南北方经济文化的交流，起到了沟通南北的作用。

南宋时，宋、金划淮为界，南宋定都杭州。这样，南方的粮食不需要再运到北方，通济渠就失去了漕运的作用，于是也就失去了原有的维护和治理。随着通济渠中泥沙的沉积，运河的河床逐渐淤塞，最终断流。

现在，通济渠的安徽省泗县段、江苏省泗洪县的部分河段还有水流。

目前京杭大运河已经全线通水。相信随着运河保护工作的不断推进，中国大运河终将能够全线通水。

2014年，中国大运河申遗成功，通济渠泗县段作为运河遗产河段，被列入世界文化遗产名录。

少年运河说

第18站 洛阳｜含嘉仓遗址

研学主题： 1400年前的谷粒竟然能发芽生长？

云游运河

云游运河·探索运河·时代变迁：
洛阳·汴渠｜追溯通济渠的今昔。

运河创客

运河纪年日历：木制万年历模型。

推荐研学点及线下研学线路

隋唐大运河文化博物馆、含嘉仓遗址、回洛仓遗址。

通济渠洛阳段示意图

运河百科：含嘉仓

含嘉仓位于河南省洛阳市，是唐代的国家粮仓，面积约45万平方米，有400多个粮窖，是中国古代最大的粮仓，有"天下第一粮仓"之称。

含嘉仓始建于隋代大业元年（605），在唐朝进一步扩建，并开始大规模储存通过运河漕运输送过来的粮食，成为国家的大型粮仓。在唐代天宝八载（749），含嘉仓的总储粮量约为5833400石，可见其规模之大。

唐玄宗后期，在安史之乱等因素影响下，大运河管理不善，泥沙淤积，水量渐小，漕运效率下降，含嘉仓粮窖的利用率降低了很多。北宋灭亡后，南宋建都临安（杭州），含嘉仓失去了原有的地位和作用，最终被废弃。

随着2014年中国大运河申遗成功，含嘉仓也成功入选世界遗产名录。

少年运河说

第 19 站　洛阳｜隋唐大运河博物馆

研学主题：运河柳树为何姓杨？

云游运河

云游运河·探索运河·古今人物：

洛阳·杨广｜隋炀帝与隋唐大运河的恩恩怨怨。

运河创客

运河科技龙船：电动龙舟模型。

推荐研学点及线下研学线路

龙门石窟、洛阳博物馆、隋唐洛阳城遗址、隋唐大运河文化博物馆。

运河百科：隋唐大运河

　　隋唐大运河是我国古代南北交通的大动脉，它以洛阳为中心，北至北京，南达杭州。隋唐大运河连通浙东运河，又将大运河延伸到了宁波。

　　隋唐大运河自隋朝大业元年（605）开始开凿，到大业六年（610）完成。隋炀帝征集了百万百姓，疏通了先秦以来历代开凿的白沟、鸿沟、邗沟等河道，以及黄河、淮河、长江、太湖、西湖等自然河流、湖泊，最终修建成了隋唐大运河。

　　大运河修成后有效加强了南北方的经济和文化交流，促进了运河两岸经济的发展。

二、开启研学之旅

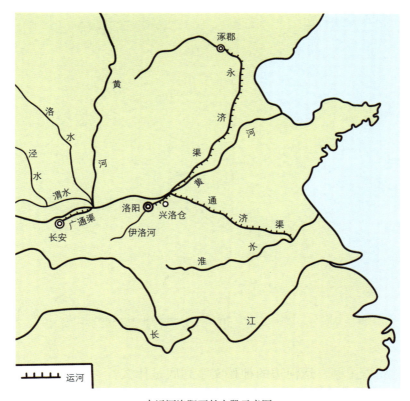

古运河洛阳至长安段示意图

后来,自唐朝至北宋,各代都很注意大运河的维护、治理。隋唐大运河在漕运等方面发挥了巨大作用,维护了国家的稳定。

元朝在隋唐大运河的基础上修建了京杭大运河。

隋唐大运河纵贯华北平原、黄河中下游平原和东南沿海地区,地跨北京、天津、河北、山东、河南、安徽、江苏、浙江8个省市,对中国历史影响深远。

2014年6月22日,中国大运河被列入世界文化遗产名录,其中就包含隋唐大运河、京杭大运河、浙东运河三大部分。

少年运河说

第 20 站　安阳｜中国文字博物馆

研学主题： 运河边的神秘文字到底是什么？

云游运河

云游运河·城市研学：
安阳｜解锁汉字的起源。

运河创客

运河动听旋律：纸板古筝模型。

推荐研学点及线下研学线路

殷墟宫殿宗庙遗址、中国文字博物馆、安阳市博物馆。

二、开启研学之旅

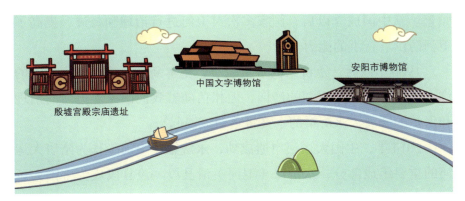

永济渠安阳段示意图

运河百科：永济渠

永济渠开凿于隋大业四年（608），是我国古代沟通黄河与海河流域的运河。

之前，东汉末年，曹操曾下令开凿了白沟、平虏渠，沟通了黄河和海河水系。隋炀帝开凿永济渠也利用了曹操留下的旧渠道。

永济渠南起黄河，北至天津、北京，全长2000余里，有着很强的运输能力。

隋大业七年（611），隋炀帝征伐高丽时，就曾乘龙舟通过永济渠北上，并通过隋唐大运河输送粮草、武器等物资。当时运河上运输物资的船只绵延千里，盛况空前。

宋金时期，永济渠称为御河，明代称为卫漕，清代改成卫河。

明清时期，卫河还在发挥着巨大的漕运作用。当时的运河航运十分发达，对黄河至北京这片地区的经济发展发挥了重要作用。

在夏季遇到暴雨，引发洪水时，卫河还担负着泄洪的功能，但是因为卫河泄洪缓慢，堤防残破，历史上卫河沿线的洪涝灾害也很频繁。新中国成立以后，国家多次对卫河进行治理和疏浚，提高了卫河防洪、行洪的能力。

  1960年以后，永济渠的水量减小，基本断航。现在，永济渠的许多河段已经成为干涸的沙岗，但相信随着我们国家对运河的治理和保护的开展，永济渠的水终将重新流淌起来。

  2014年，中国大运河申遗成功，永济渠（卫河）作为隋唐大运河的重要组成部分，永济渠（卫河）滑县段、浚县段成为中国大运河遗产河段。

少年运河说

第21站　枣庄｜铁道游击队纪念园

研学主题： 是谁在运河上顽强地抗击侵华日军？

二、开启研学之旅

云游运河

云游运河·趣说运河：

枣庄·守艺人｜你不可不知的经腔魔调。

运河创客

运河红色勋章：折纸手工挂件。

推荐研学点及线下研学线路

徐州运河支队抗日纪念馆、微山岛、微山湖抗日英烈纪念园、枣庄铁道游击队纪念园、利建闸。

微山湖段运河示意图

运河百科：微山县利建闸

利建闸是会通河微山段上的一座节制闸。

利建闸位于微山县南阳镇建闸村，地处昭阳和独山湖之间，始建于明朝嘉靖年间，是会通河上重要的节制闸。清朝后期漕运废止，会通河微山段停运，利建闸也随之逐渐废弃。现在的利建闸仍保留着石质的闸座等遗迹。

2013年10月，会通河微山段的南阳闸、利建闸及河神庙遗址一起成为山东省第四批省级文物保护单位。

2014年6月，大运河申遗成功，利建闸成为中国大运河世界文化遗产点。

少年运河说

第22站　台儿庄｜台儿庄大战纪念馆

研学主题： 台儿庄战役是如何取胜的？

云游运河

云游运河·全域研学：

枣庄·黄河对话｜大运河+台儿庄：漂来"天下第一庄"。

运河创客

运河最美建筑：古建筑模型。

推荐研学点及线下研学线路

台儿庄古城、台儿庄大战纪念馆、台庄闸、中河台儿庄段。

台儿庄地区运河示意图

运河百科：泇运河（韩庄运河）

泇运河，是枣庄地区从夏镇经台儿庄到邳州的运河，现在多称为韩庄运河。

元、明时，黄河改道破坏了部分运河河道，京杭运河曾在徐州至淮安一段借黄河来运输漕粮，即"借黄行运"。在明朝后期，黄河经常泛滥，导致漕运受阻。多位大臣上书朝廷，建议开挖从韩庄经台儿庄到淮安的泇运河（即韩庄运河），以避免黄河的影响，保证漕运畅通。

隆庆四年（1570），大臣翁大立首次提出开泇建议。万历二十九年（1601），工部尚书刘东星、工部都水司夏镇分司主事梅守相主持开通了上起沛县西柳庄（今微山大捐村西，已没入微山湖中），接南阳新河（夏镇新河），下至宿迁董家沟口（今宿迁支口乡董坝村）的约330里长的一段泇运河，并试运行。明万历三十一年（1603），黄河在沛县等地决口泛滥，冲坏了运河水道。万历三十二年（1604），总理河道的工部右侍郎李化龙和淮扬巡抚李三才开通了由夏镇经台儿庄到邳州的260里泇运河，使京杭大运河实现畅通。到万历三十八年（1610）以后，泇运河已完全取代黄河运道，成为漕运的主要通道。

从微山湖到台儿庄的地势西高东低，有着高达20多米水位高差。在泇运河的开凿过程中，人们从东向西依次建造了台庄、侯迁、顿庄、丁庙、万年、张庄、德胜、韩庄八座陡门式船闸，从而解决了高差问题，展现出了我国古代高超的水利技术。

因为这条运河依靠峄县境内的东、西两条泇河来补给水源，所以被称为泇运河。

清朝乾隆、嘉庆年间曾多次对泇运河进行浚治以维持漕运。清

二、开启研学之旅

光绪末年，漕运停止，运河就逐渐淤塞。中华人民共和国成立后，泇运河河道淤塞已经十分严重。从1958年开始至1972年，人们对泇运河进行了7次扩大和续建治理，加深、加宽了河道，裁弯取直，拆除了沿河的各个船闸，并将这段运河命名为韩庄运河。改造后的韩庄运河，主要用于下泄南四湖洪水和排除两岸土地内涝。1972年台儿庄节制闸建成后，韩庄运河下游段的万年闸至台儿庄之间的15千米河道恢复通航。

在泇运河的治理中，台儿庄镇南的运河河段裁弯取直另开了新河，原来的一段月牙状的河道被保留在城区内，故被称为月河。3300米长的月河上完整保存了石驳岸、古码头、古纤道等运河遗址。2006年5月，京杭大运河台儿庄段水工设施被国务院批准为第六批全国重点文物保护单位。2014年6月22日，中国大运河项目成功入选世界文化遗产名录。同时，中河台儿庄段也成为遗产河段之一，被世界旅游组织称为"活着的古运河"。

少年运河说

第23站　济宁｜南旺分水枢纽工程遗址

研学主题：运河怎么翻过山？

云游运河

云游运河·全域研学：

济宁·山河对话｜大运河+南旺：南北畅通，运河之脊。

运河创客

运河水利输送：电动水车模型。

推荐研学点及线下研学线路

南旺分水枢纽工程遗址、戴村坝。

运河百科：卫星遥感分析出南旺分水枢纽遗址

南旺枢纽工程自明代建成后持续运行了500多年，到了清末，因为黄河淤塞、漕运废止、运河停运等原因，南旺枢纽工程也逐渐荒废，被掩埋在泥沙之中。

2008年3月至6月，经国家文物局批准，在山东省文化厅、文物局等部门的支持下，山东省文物考古研究所、中国文化遗产研究院联合对南旺分水枢纽及龙王庙古建筑群进行了系统的调查和发掘。

在考古发掘之前，除了传统的地面访查之外，工作人员还运用卫星遥感分析、雷达探测、精密GPS测量等空间信息技术，对南旺段运河河道进行了调查，并将遥感卫星获得的数据与1997年济宁的

二、开启研学之旅

南旺分水枢纽示意图

相关数据进行比较研究。

最终他们发现，济宁以北运河经过的地域，土壤的水分含量比周围区域要高，并且这块区域内几乎没有道路、村庄、房舍等人工目标。

再对比2001年的卫星图像，发现这片区域覆盖着浓密的植被。于是人们判断出这里在以前可能是大运河南旺枢纽蓄水、排水的湖泊。

后来人们发掘出龙王庙古建筑群、运河北堤、白公祠、潘公祠、白大王庙等运河遗址。这些遗址对我们研究古代的水利技术、运河文化有很大意义。

为了保护南旺分水枢纽工程遗址，人们建设了南旺枢纽考古遗址公园。该公园在2010年10月被批准为第一批国家考古遗址公园。

少年运河说

第 24 站　泰安｜泰山

研学主题： 如何与孔子进行跨越古今的山河对话？

云游运河

云游运河·全域研学：

泰安·山河对话｜大运河+汶河：汶水涛涛，泰山之阳。

二、开启研学之旅

运河创客

运河非遗：泰山皮影。

推荐研学点及线下研学线路

曲阜三孔（孔府、孔庙、孔林）、尼山圣境泰山景区。

泰安、曲阜与大运河示意图

运河百科：泰山

泰山，又名岱山、岱宗等，是五岳中的东岳，有着五岳之首、天下第一山等称号。泰山位于山东省中部，在泰安、济南、淄博三市之间。泰山主峰玉皇顶海拔1532.7米。

泰山有着丰厚的地理、历史文化内涵。传说中黄帝就曾到泰山封禅。有史记载的，自秦代至清代，有13代帝王曾亲登泰山封禅或祭祀。

泰山上有寺庙、宫、观等古建筑群29处，古遗址128处，还有大小碑碣、摩崖石刻达2000多处。

1987年，泰山被联合国教科文组织列为中国第一个世界文化与自然双重遗产。

2002年，泰山被评为"中华十大文化名山"之首。

2006年，泰山因其独特的地质价值，成为世界地质公园。

2007年，泰山被评为国家5A级旅游景区。

少年运河说

第25站　德州｜苏禄王墓

研学主题：外国国王为何会葬在运河边上？

二、开启研学之旅

云游运河

云游运河·探索运河·时代变迁：

德州·古城｜追溯古城的历史奥秘。

运河创客

运河非遗：黑陶制作。

推荐研学点及线下研学线路

苏禄王墓、德州古运河景区。

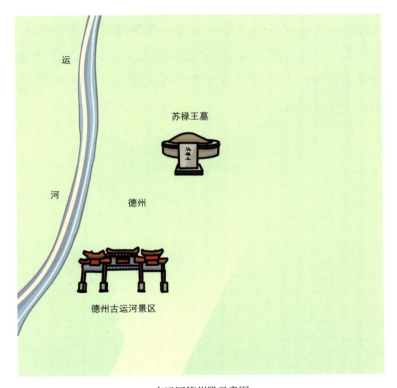

南运河德州段示意图

运河百科：南运河

南运河是隋唐大运河和京杭大运河的重要组成部分。

南运河南起山东临清，北到天津市海河三岔河口，全长509千米。

后来在1950年扩建四女寺枢纽时，把南运河从中截断，南运河的南起点变成了四女寺节制闸。

自隋代开凿至明清，南运河在国家漕运上发挥着巨大作用。明清时期每年都有约400万石漕粮以及大量瓷器、盐、煤等物资通过南运河运至北京。

清末，漕运废止，南运河的河运以及河道管理都受到很大影响。

因为缺水等原因，在1978年，南运河的航运全线中断。

此后南运河就成了海河流域南部的排水河道及引水通道。后来的引黄入津、引岳入津等水利工程都是通过南运河河道来开展的。

2014年，中国大运河申遗成功，南运河沧州至德州段、天津三岔口段同时被列为遗产河段。

少年运河说

第 26 站　沧州｜谢家坝

研学主题： 谢家坝蕴含着什么样的家国情怀？

云游运河

云游运河·探索运河·工程智慧：

沧州·谢家坝工程｜河北段仅存两处夯土坝之一。

运河创客

运河神兽：沧州铁狮子模型。

推荐研学点及线下研学线路

吴桥杂技大世界、沧州谢家坝、捷地减河、沧州大运河湾公园、沧州铁狮子。

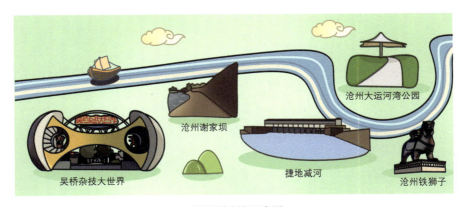

南运河沧州段示意图

运河百科：三弯抵一闸

南运河从天津三岔口至山东临清段，海拔落差高达20多米，是大运河中落差较大的一段。

在元、明、清历代整修南运河时，都设计了众多弯道工程，通过延长运河河道里程，来降低同样水平距离内的高低落差（比降），从而降低河水流速，保障通航的安全。

在中国大运河的其他地方，针对相似情况，大多是建造更多的梯级船闸来解决水位的落差问题。

于是，南运河的这种弯道设计，就被人们称为"三弯抵一闸"。

少年运河说

第27站　北京｜通惠河北京旧城段

研学主题：没有水如何挖运河？

二、开启研学之旅

云游运河

云游运河·探索运河·古今人物：

北京·郭守敬｜京杭大运河的"最后一步"是如何被挖通的。

运河创客

运河地貌：白浮泉引水工程沙盘。

推荐研学点及线下研学线路

通惠河玉河遗址、东城区澄清中闸（东不压桥）、西城区澄清上闸（万宁桥）、什刹海公园、郭守敬纪念馆、颐和园昆明湖（瓮山泊）、白浮泉遗址。

运河百科：通惠河

通惠河是由郭守敬主持修建的元代漕运河道。该工程自1292年开工，1293年完工，自白浮泉引水，到通州入北运河，全长82千米。运河开凿完成后，元世祖赐名为通惠河。

通惠河的修建，引水是最大的难题。郭守敬从昌平白浮泉引水南下，一路汇集玉泉等水流，经瓮山泊（今昆明湖）到积水潭，蓄积水流供运河所用。

通惠河修成以后，大运河上漕运的船只可以沿运河到达积水潭、什刹海、后海一带。这里就成了京杭大运河的终点。

元末明初时期，由于战乱和山洪等原因，被称为白浮堰的白浮村至瓮山泊段被废弃了。后来人们说起通惠河，一般是指从东便门大通桥至通州区入北运河的这段20千米长的河道。

通惠河引水示意图

通惠河在明、清时期得到良好的维护，一直沿用到了20世纪初。后来漕运废止，通惠河也逐渐荒废。

2014年6月22日，中国大运河申遗成功，通惠河北京旧城段、通惠河通州段被列为遗产河段，西城区澄清上闸（万宁桥）、东城区澄清中闸（东不压桥）被列为运河遗产点。

少年运河说

第 28 站　北京｜故宫博物院

研学主题： 为什么说紫禁城是运河上漂来的？

云游运河

云游运河·城市研学：

北京·运河文化｜大运河漂来的北京城。

运河创客

运河建筑工艺：榫卯。

推荐研学点及线下研学线路

通州运河码头、故宫博物院。

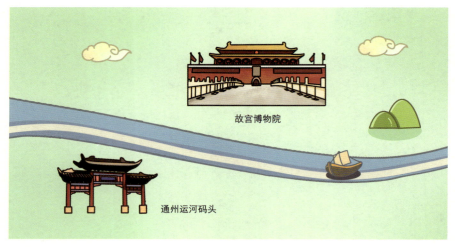

北京故宫研学点示意图

运河百科：故宫博物院

故宫博物院，旧时称为紫禁城，位于北京中轴线的中心，是中国明、清两代的皇家宫殿。

明成祖永乐四年（1406）紫禁城开始建设。它以南京皇宫为蓝本，严格按照我国古籍《周礼·考工记》中"前朝后市，左祖右社"的帝都营建原则进行建造。

永乐十八年（1420），紫禁城建成。

紫禁城分为外朝和内廷两部分。外朝的中心为三大殿，即太和殿、中和殿、保和殿，是国家举行重大典礼的地方。三大殿左、右有文华殿、武英殿两组建筑。内廷的中心是后三宫，即乾清宫、交泰殿、坤宁宫。后三宫的后面是御花园，东西两侧分别排列着东、西六宫，是后妃们的住所。在东六宫的东侧、西六宫西侧分布的是天穹宝殿、中正殿等佛堂建筑。

此后的500多年间，紫禁城成为明、清两朝24位皇帝的皇宫。

二、开启研学之旅

1911年,辛亥革命爆发。1912年,清帝溥仪颁布清帝退位诏书,清朝灭亡,但溥仪等原清朝皇室成员仍旧居住在故宫内。

1924年,西北军阀冯玉祥发动了"北京政变",将溥仪逐出了紫禁城。同时成立"清室善后委员会",接管了故宫。1925年10月10日,故宫博物院正式成立,对外开放。

北京故宫是世界上现存规模最大、保存最为完整的木质结构古建筑之一。1987年被列为世界文化遗产。

联合国教科文组织对故宫做出了高度评价:"紫禁城是中国五个多世纪以来的最高权力中心,它以园林景观和容纳了家具及工艺品的9000个房间的庞大建筑群,成为明清时代中国文明无价的历史见证。"

少年运河说

第29站　北京｜天安门广场

研学主题:天安门上如何守护国旗飘扬?

云游运河

云游运河·趣说运河：

北京·城门趣闻｜老北京为什么喜欢城门旧名？

运河创客

运河匠心工艺：扎染。

推荐研学点及线下研学线路

天安门、天安门广场、人民英雄纪念碑、人民大会堂、中国国家博物馆。

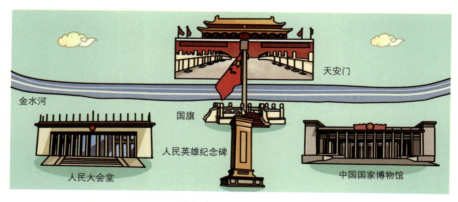

天安门广场研学点示意图

运河百科：天安门

北京天安门位于故宫南端，是明、清两代北京皇城的正门。

明朝永乐十八年（1420）初建，当时名为"承天门"，由明代著名建筑师蒯祥主持建造。

明朝末年，李自成攻占北京，天安门毁于战火。

二、开启研学之旅

清顺治八年（1651），清世祖福临下令改建承天门，并改名为"天安门"。

1925年10月10日，故宫博物院成立，天安门才开始对民众开放。

1949年10月1日，中华人民共和国开国大典在天安门广场举行，毛泽东主席在天安门上向世界庄严宣布："中华人民共和国中央人民政府今天成立了。"天安门还被设计入国徽。从此天安门成为中华人民共和国的象征。

1961年，国务院公布天安门为第一批全国重点文物保护单位之一。

2021年3月，天安门被北京市文物局确定为北京市第一批不可移动革命文物。

少年运河说

第30站　北京｜中国航天博物馆

研学主题：从太空看运河是什么样子？

云游运河

云游运河·全域研学：

北京·天河对话｜大运河+航天：中国航天全记录。

运河创客

印象运河图卷：运河图卷。

推荐研学点及线下研学线路

中国航天博物馆、首都博物馆、长城。

"天河对话"研学点示意图

运河百科：中国航天博物馆

中国航天博物馆，原名中华航天博物馆，隶属于中国航天科技

二、开启研学之旅

集团公司，位于中国运载火箭技术研究院内。

中国航天博物馆1992年10月落成开馆，是亚洲地区规模最大的航天科技类专业展馆。

中国航天博物馆设有三层展厅。一层和二层展厅为对外展厅，包含运载火箭、载人航天工程、人造卫星、月球探测、火箭发射演示、航天器、中国航天形象、航天集团综合简介、古代航天探测、国际合作与交流、未来航天展望等十多个展示区域。三层展厅为分类系统专业技术厅，其中重点展示和介绍了各分类系统的专业技术。

馆内有着东方红一号卫星（备份星）、长征系列运载火箭、返回式卫星回收舱、神舟四号飞船返回舱、火箭发动机等航天展品和现代化的交互设备，通过实物和翔实的图文资料，再现了我国航天事业的发展历程。

少年运河说

附：研学相关应用文档

1. 研学线路表

序号	运河城市	研学点
1	宁波	宁波三江口、上海三联韬奋书店、宁波博物馆、天一阁、王守仁故居
2	杭州	西湖、中国丝绸博物馆、凤山水城门遗址、富义仓、中国京杭大运河博物馆、拱宸桥、良渚文化遗址
3	嘉兴	长安闸、长安坝、朱彝尊故居、秀洲运河文化公园、长虹桥
4	嘉兴	嘉兴南湖、南湖革命纪念馆、茅盾故居、丰子恺故居
5	苏州	吴江运河古纤道、宝带桥、盘门、枫桥景区、平江历史文化街区、拙政园
6	无锡	无锡博物院、中国民族工商业博物馆、清名桥历史文化街区
7	常州	奔牛老街、天宁宝塔、半山书局新世纪商城店、常州博物馆、青果巷
8	镇江	镇江芙蓉楼、西津渡历史文化街区、镇江博物馆、京口闸遗址
9	扬州	瓜洲古渡、施桥闸、江都水利枢纽
10	扬州	何园、卢绍绪宅、盐宗庙、汪氏小苑、个园、京杭之心
11	扬州	朱自清故居、扬州中国雕版印刷博物馆、东关历史文化旅游区、东关古渡
12	扬州	中国大运河博物馆、文峰塔、瘦西湖
13	扬州	运河三湾风景区、邵伯运河生态公园、邵伯明清运河故道

附：研学相关应用文档

续表

序号	运河城市	研学点
14	淮安	洪泽湖大堤、清口水利枢纽遗址、双金闸、清江闸、吴承恩故居、淮安水上立交枢纽
15	淮安	总督漕运部院遗址、中国漕运博物馆
16	泗阳	泗阳船闸、妈祖文化园、中国杨树博物馆、黄河故道、南园风景区
17	开封	北宋东京城遗址、清明上河园、东西水门遗址、龙亭公园、铁塔（祐国寺塔）
18	洛阳	隋唐大运河文化博物馆、含嘉仓遗址、回洛仓遗址
19	洛阳	龙门石窟、洛阳博物馆、隋唐洛阳城遗址、隋唐大运河文化博物馆
20	安阳	殷墟宫殿宗庙遗址、中国文字博物馆、安阳市博物馆
21	徐州—微山县—枣庄	徐州运河支队抗日纪念馆、微山岛、微山湖抗日英烈纪念园、枣庄铁道游击队纪念园、利建闸
22	枣庄	台儿庄古城、台儿庄大战纪念馆、台庄闸、中河台儿庄段
23	济宁	河道总督府遗址、南旺分水枢纽工程遗址、戴村坝
24	曲阜—泰山	尼山、曲阜三孔（孔府、孔庙、孔林）、泰山景区
25	德州	四女寺水利枢纽、苏禄王墓、德州古运河景区
26	沧州	吴桥杂技大世界、沧州谢家坝、捷地减河、沧州大运河湾公园、沧州铁狮子
27	北京	通惠河玉河遗址、东城区澄清中闸（东不压桥）、西城区澄清上闸（万宁桥）、什刹海公园、郭守敬纪念馆、颐和园昆明湖（瓮山泊）、白浮泉
28	北京	通州大运河森林公园、通州三教庙（三庙一塔）、故宫博物院
29	北京	天安门广场、人民英雄纪念碑、天安门、人民大会堂、中国国家博物馆
30	北京	中国航天博物馆、首都博物馆、长城

2. 壮游档案

我的姓名：　　　　　　　我的年龄：

我的性别：　　　　　　　我的年级：

我的学校：

我的地址：

我的微信：

我的特长、爱好：

我去过的城市：

我印象中的大运河：

我最期待的壮游旅程：

家长心语：

学生身体健康说明：

3. 壮游公约

我承诺全程参与壮游大运河研学之旅的活动，并遵守下列公约：

做一个守时的壮游行者。每天按时起床，吃早餐。在规定的时间，出现在规定的地点。

附：研学相关应用文档

做一个不打扰别人的壮游行者。入住酒店，保持安静，不打扰他人休息，不在房间门口玩耍吵闹，不擅自离开酒店。

做一个保持微笑的壮游行者。与人交往，遇事说"打扰了"，受人帮助说"谢谢"，打扰别人说"对不起"。

做一个惜物的壮游行者。就餐时细嚼慢咽，吃饭时不发出声音，对食物保持尊重。

做一个遵守交通规则的壮游行者，保证安全。

承诺人：

年　月　日

4. 研学中需要注意的事项

出发前

1. 了解本次研学的行程规划，明确自己的研学目标，并制订好个人任务完成计划；

2. 根据需要完成《壮游大运河》图书故事的阅读，以及研学大运河云平台"云游运河""线上研学"部分的预习和体验；

3. 根据研学线路确定研学目标城市的地理位置和天气情况，准备好个人物品，并根据自身身体情况，准备必要的药品、防护用品以及其他物品；

4. 根据个人情况准备适量的现金，并妥善保管；

5. 牢记带队老师、家长以及本组同学的联系方式，如遇紧急情况，请第一时间与带队老师保持联系或联系当地公安机关，非必要不要向陌生人求助。

住宿

1. 服从住宿安排，与室友好好相处，互相关心，互相尊重；
2. 进入房间后检查房间物品情况，有问题立即与带队老师联系；
3. 爱护酒店内的设备设施，安全用电，节约用电，节约用水；
4. 不倚靠窗户，不在阳台上玩耍打闹；
5. 注意个人卫生，保持房间整洁；
6. 认真遵守作息时间，不熬夜，保证睡眠质量；
7. 洗澡时，铺上防滑垫，以免摔倒；
8. 入住后未经带队老师允许不擅自更换房间，不串门，有人敲门时，问清来意，对陌生人坚决不开门；
9. 离开酒店前清点并整理好个人物品，不要遗落在酒店。

用餐时

1. 按照带队老师要求入座，等候同伴到齐后再用餐；
2. 文明用餐，不浪费，不暴饮暴食；
3. 用餐期间不喧哗打闹，保证用餐秩序；
4. 研学途中，不得私下叫外卖或购买其他饮食；
5. 不在旅途中购买小摊贩的不卫生食品。

在车上/飞机上

1. 上车/登机后，将行李妥善安放在行李架上；
2. 对号入座，不随意走动，不随意调换座位；
3. 轻声细语，不打扰他人；
4. 不乱扔垃圾，下车时收拾好自己的垃圾并扔到垃圾桶；
5. 在车上使用开水时注意力集中，以免烫伤；

附：研学相关应用文档

6. 下车/下飞机时，检查好个人物品，确保不遗落。

学习中

1. 携带好研学手册，保管好个人物品；

2. 坚持团队行动，不擅自脱离集体，合作探究完成学习任务；

3. 认真聆听讲解，积极思考问题，努力提高学习效果；

4. 结合研学大运河云平台"云游运河""线上研学"等内容全面了解研学点相关知识；

5. 借助研学大运河云平台"线上研学"功能及时、有效地记录自己的学习心得，整理好学习成果；

6. 自觉爱护环境和文物古迹，自觉遵守纪律，遵守活动场所的参观规则；

7. 不在公共场合大声喧哗，影响其他游客；

8. 在行走过程中，不嬉笑打闹，遵守交通规则，注意自身安全；

9. 遇到突发事件保持冷静，及时与带队老师或工作人员联系。

学习后

1. 及时记录学习收获，主动与同学、老师、家长分享感受；

2. 主动完成《壮游大运河研学手册》以及"云游运河""线上研学"等版块需要填写的内容，自觉做好课程内容的延伸；

3. 自觉将研学过程中行为的改变落实在平时的学习和生活中。

5. 装备清单

壮游大运河研学之旅即将开始，快来整理你的行李箱吧！

准备物品名称	出发清点	回程清点
行李包、箱 □ 随身双肩包 □ 小挎包 □		
身份证 □ 车/飞机票 □ 现金 □ 文具 □ 记录表 □ 书 □		
相机 □ 手机 □ 充电宝、充电器 □		
牙刷、牙膏 □ 漱口杯 □ 毛巾 □ 其他个人物品 □		
雨衣 □ 保温水杯 □ 口罩 □		
换洗衣物 □ 运动鞋 □ 白衬衫 □ 社交礼物 □		
必备药品（创可贴、感冒药、晕车药等）□ 如有特殊药品，请家长备注好用法用量，并告知带队老师		
自主添加内容		

6. 城市气温、穿衣提示小卡片

请根据研学线路和行程安排查询各研学点城市的未来天气情况，制作穿衣提示小卡片吧！

```
第___站                第___站                第___站
研学城市：_____       研学城市：_____       研学城市：_____
研学日期：_____       研学日期：_____       研学日期：_____
当日天气：_____       当日天气：_____       当日天气：_____
当日气温：_____       当日气温：_____       当日气温：_____
穿衣推荐：_____       穿衣推荐：_____       穿衣推荐：_____
其他：_____           其他：_____           其他：_____
```

附：研学相关应用文档

第___站	第___站	第___站
研学城市：_____	研学城市：_____	研学城市：_____
研学日期：_____	研学日期：_____	研学日期：_____
当日天气：_____	当日天气：_____	当日天气：_____
当日气温：_____	当日气温：_____	当日气温：_____
穿衣推荐：_____	穿衣推荐：_____	穿衣推荐：_____
其他：	其他：	其他：

第___站	第___站	第___站
研学城市：_____	研学城市：_____	研学城市：_____
研学日期：_____	研学日期：_____	研学日期：_____
当日天气：_____	当日天气：_____	当日天气：_____
当日气温：_____	当日气温：_____	当日气温：_____
穿衣推荐：_____	穿衣推荐：_____	穿衣推荐：_____
其他：	其他：	其他：

7. 壮游大运河研学之旅行前自评表

姓名		班级		小组		指导老师	
1	你参加过的研学次数		有家人陪伴出游的次数		你对这次研学的期待		
2	你对这次研学的主题和内容了解多少？（很熟悉　大概了解　未知）							
3	你爸爸/妈妈对研学旅行是怎样的态度？（很支持　很担心　反对）							
4	你知道壮游公约吗？是否会严格遵守呢？							
5	如果给自己的生活自理能力打分，你觉得会是多少分呢？（满分：100分）							
6	在研学过程中，需要投入并发挥自己的能力，你能做到吗？（能　不能　我不确定）							

8. 我的壮游宣言

我的壮游宣言

9. 父母 / 老师的壮游寄语

父母 / 老师的壮游寄语

10. 研学活动评价表

评价维度	评价指标	具体内容	自我评价	师长评价
自我管理	文明素养	文明用语，遵守秩序；爱护环境，绿色出行；爱护公物，保护古迹，文明参观		
	遵守纪律	守时守信，遵纪守法，不擅自离队，服从带队老师管理		
	自理能力	保管好个人物品，注意个人卫生，注意饮食，合理消费		
实践探究	参与意识	积极参与活动，乐于表达个人见解；认真对待小组分工，勇于挑战，敢于担当，善始善终		
	探究能力	能根据主题选择合适的活动方式展开研学活动；能通过多种方式收集、处理相关信息；能利用所学知识解决实际问题		
团队合作	合作态度	互相尊重，能倾听他人的观点、意见；主动承担小组工作，互相帮助，有责任感		
	分工协作	分工合理，发挥各自优势；团队协作顺畅，互相学习，共同进步